NOUVEAU
THÉATRE D'ÉDUCATION,

A L'USAGE

DES JEUNES PERSONNES,

Par Madame Daniel,

MAITRESSE DE PENSION A M***,

Auteur de plusieurs ouvrages pour l'instruction des demoiselles.

DEUXIÈME ÉDITION AUGMENTÉE.

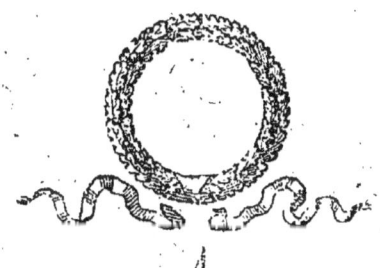

LYON,
GUYOT Père et fils, IMPRIMEURS-LIBRAIRES,
Hôtel de la Manicanterie, rue et cour de l'Archevêché;
Même Maison de détail, Grande rue Mercière, 59.

PARIS.—MELLIER Frères, LIBRAIRES,
Place Saint-André-des-Arts, 11.

1847.

NOUVEAU
THÉÂTRE D'ÉDUCATION.

Yf 8881

Tout exemplaire non revêtu de notre signature sera réputé contrefait.

Guyot père et fils

LYON. — Imprimerie de GUYOT.

NOUVEAU
THÉATRE D'ÉDUCATION,

A L'USAGE

DES JEUNES PERSONNES,

PAR MADAME DANIEL,

Maîtresse de pension à M*****,

AUTEUR DE PLUSIEURS OUVRAGES POUR L'INSTRUCTION DES DEMOISELLES.

LYON;

GUYOT Père et Fils, IMPRIMEURS - LIBRAIRES,
Hôtel de la Manicanterie, rue et cour de l'Archevêché;
Même Maison de détail, Grande rue Mercière, 39.

PARIS,

MELLIER Frères, LIBRAIRES,
Place St-André-des-Arts, 11.

1847.

PRÉFACE.

Depuis plusieurs années l'usage de faire jouer de petites pièces de théâtre aux distributions de prix, s'est presque généralement répandu dans tous les pensionnats de demoiselles. Je ne m'arrêterai point à parler des inconvénients et des avantages qui peuvent résulter de ces représentations ; elles semblent autorisées par les personnes respectables qui les honorent de leur présence. Mais ces petites récréations, qui, en amusant les enfants, exercent leur mémoire et procurent à leurs parents de douces jouissances, donnent toujours quelque peine aux institutrices par la difficulté de se procurer des pièces que les jeunes personnes puissent apprendre et jouer sans danger. Quelques-unes qui conviennent tout-à-fait au jeune âge, comme les charmantes comédies de Berquin, sont trop connues, et par conséquent elles offrent moins d'intérêt. D'ailleurs, elles sont toujours composées d'enfants des deux sexes, et, pour les mettre en état d'être représentées avec modestie et décence par des demoiselles, elles exigent un travail ennuyeux pour une institutrice chargée, surtout aux approches de distributions de prix, d'une foule d'occupations suffisantes pour absorber son temps.

Ces raisons, et les conseils de plusieurs personnes bien respectables, m'ont décidée à offrir aux maîtresses de pension ce petit Recueil, composé d'abord pour mes seules élèves, et dans lequel j'ai essayé de peindre le bonheur attaché à la pratique de la vertu, les ridicules et les désagréments qui marchent ordinairement à la suite du vice. Si ce petit Ouvrage peut alléger le travail des maîtresses et fortifier les élèves dans le désir d'être bonnes et dociles, s'il leur fait sentir l'importance du service qu'on leur rend en les reprenant de leurs défauts et en les formant au bien, mon but sera entièrement rempli.

ÉGOISME ET SENSIBILITÉ.

PERSONNAGES.

Madame DELMONT.

Césarine } FLORVILLE, ses nièces.
Antonia }

Madame ST-ELME, riche Américaine, parente des demoiselles Florville.

Mademoiselle HENRIETTE, son amie.

LUCIE, femme de chambre de madame Delmont.

MARGUERITE, cuisinière.

NANETTE, jeune fille pauvre.

FANCHETTE, sa sœur.

MARIETTE, autre petite fille pauvre.

ÉGOISME ET SENSIBILITÉ.

Scène 1.

Mme ST-ELME et Mlle HENRIETTE, *mises comme de simples ouvrières*, LUCIE.

LUCIE.

Il est bien matin encore, mesdames, et certainement nos demoiselles ne sont pas visibles à cette heure ; si vous voulez leur parler, il faut vous résoudre à attendre.

Mme ST-ELME.

Est-ce qu'elles ne sont pas levées encore ?

LUCIE.

Je n'en sais rien, madame, cela ne me regarde pas. Tout ce que je puis vous dire, c'est qu'elles ne sortent jamais de leur chambre avant neuf heures.

Mme ST-ELME.

Nous attendrons..... Vous voudrez bien nous annoncer aussitôt que ces demoiselles seront visibles.

LUCIE.

Ce que vous avez à leur dire est donc bien important ?..... Votre nom, s'il vous plaît?

Mme ST-ELME.

Il est inutile..... annoncez seulement une parente, une amie de leur mère.

LUCIE.

Il suffit. (*Elle sort.*)

Scène 2.

Mme ST-ELME, Mlle HENRIETTE.

Mme ST-ELME.

Si la simplicité de mes vêtements produit sur mes nièces le même effet que sur la bonne, combien je serai trompée !

HENRIETTE.

Pourquoi ne pas vous annoncer pour ce que vous êtes? Pourquoi mettez-vous ainsi votre sensibilité à une rude épreuve, en vous exposant à une réception désagréable?

Mme ST-ELME.

Non, ma chère Henriette : malgré le désir que j'ai d'embrasser ces chères enfants, de les presser sur mon cœur..., je veux les connaître et éprouver le degré d'affection dont elles sont susceptibles; si je me présentais à elles couverte des livrées de l'opulence, je n'atteindrais pas mon but.

HENRIETTE.

Quels que soient les caractères de ces enfants, elles sont vos parentes, les filles de votre meilleure amie ; elles vous seront toujours chères.

Mme ST-ELME.

Sans doute, ma chère amie, et mon intention est de les combler de bienfaits ; le désir de les rendre heureuses a été l'un des motifs qui m'ont le plus fortement engagée à repasser les mers pour revenir dans ma patrie ; mais, depuis la mort de mon époux et des mes enfants, je sens un vide affreux, et la vie a perdu pour moi tous ses charmes. Ma santé s'altère, mon cœur se dessèche, et je suis tout étonnée de me trouver presque insensible aux maux de mes semblables. J'ai besoin de me rattacher à la vie. Déjà votre accueil franc et amical a fait passer dans mes veines un baume consolateur, et j'espère qu'en adoptant l'une de ces deux enfants, mon pauvre cœur finira par oublier ses pertes. Je veux donc, comme je vous l'ai dit, les éprouver, afin de démêler laquelle des deux est la plus digne de l'affection de mère que je me sens disposée à lui accorder.

HENRIETTE.

Que Dieu bénisse votre projet et vous fasse la grâce de trouver une fille aimable et soumise !

Mais que ferez-vous, si elles se montrent toutes deux dignes de votre tendresse ?

Mme ST-ELME.

Je tâcherai alors de les avoir l'une et l'autre auprès de moi ; car je crains bien qu'elles ne reçoivent dans cette maison des principes peu propres à les rendre vertueuses ; d'ailleurs les pauvres enfants ne doivent pas être heureuses : le caractère bizarre et capricieux de madame Delmont, ses goûts ruineux avec une fortune médiocre, tout me fait trembler pour les filles chéries de ma chère Constance !

HENRIETTE.

Cette dame a peut-être changé ; la mort prématurée de sa belle-sœur peut lui avoir inspiré des réflexions salutaires, et les soins qu'elle doit à ses nièces ont sans doute opéré une heureuse révolution dans son caractère.

Mme ST-ELME.

Plût à Dieu ! mais je l'en crois peu susceptible. La voyez-vous quelquefois ? connaissez-vous ces jeunes personnes ?

HENRIETTE.

Arrivée nouvellement de la campagne, où j'ai passé plusieurs années, je connais bien peu de monde, et je n'ai jamais parlé à madame Delmont. Si je juge de son amitié pour ses nièces par leur parure, elle les aime tendrement ; car leur mise est des plus recherchées.

Mme ST-ELME.

Pauvres enfants!..... Ah! ma chère Henriette, qu'elles ont perdu à la mort de leur excellente mère!

HENRIETTE.

Elles la retrouveront en vous, et si malheureusement leur éducation était vicieuse, leur jeunesse vous donnera la facilité de la réparer.

Mme ST-ELME.

En serai-je entièrement maîtresse? Je ne suis que cousine à leur mère, et je ne sais si madame Delmont voudra me les confier. Cependant ma fortune la décidera peut-être ; je l'espère d'autant mieux que ces enfants doivent être pour elle une charge onéreuse.

HENRIETTE.

Certainement : puisque cette dame aime le monde et ses vanités, et que sa fortune est peu considérable, elle sera enchantée de se débarrasser de ces enfants qui doivent la gêner.

Mme ST-ELME.

Que le temps me paraît long dans cette perplexité!.... Mais on vient, je crois..... Ah! mon Henriette, que le cœur me bat avec violence!

Scène 3.
Mme ST-ELME, HENRIETTE, LUCIE.

LUCIE.

Ces demoiselles sont auprès de madame leur tante ; elles ne seront pas visibles avant onze heures ; si vous voulez les voir, mesdames, il vous faut nécessairemeut revenir.

Mme ST-ELME.

En ce cas, nous allons nous retirer ; à onze heures nous serons ici.

LUCIE.

Comme vous le voudrez. (*Seule.*) Ces parentes de nos jeunes demoiselles ne sont pas mises de manière à leur faire honneur ; on aurait réellement bien fait de les recevoir actuellement. Ces femmes pourront revenir quand il y aura compagnie, et quel affront !..... Au reste, les pauvres demoiselles ne se doutent de rien, puisque je ne l'ai dit qu'à leur tante.

Scène 4.
LUCIE, ANTONIA, CÉSARINE.

ANTONIA.

Lucie, ma tante nous a dit que nous trouverions ici une parente de maman. Où est-elle donc ?

LUCIE.

Elle n'a pas voulu attendre si longtemps, mademoiselle, elle s'est retirée.

ANTONIA.

Hélas! que j'en suis peinée! si je l'avais donc su plus tôt! Reviendra-t-elle, Lucie?

LUCIE.

Oui, mademoiselle.

CÉSARINE.

Est-elle bien mise?

LUCIE.

Dans le dernier goût.

CÉSARINE.

Elle est donc fort riche? tant mieux. Allons, Lucie, dépêchez-vous de ranger cette chambre, afin que tout soit en ordre lorsqu'elle reviendra.

LUCIE.

Je n'ai pas le temps, mademoiselle, mon devoir m'appelle auprès de madame. (*Elle sort.*)

Scène 5.

ANTONIA, CÉSARINE.

CÉSARINE.

Lucie, Lucie..... que cette fille est insupportable! si j'étais la maîtresse, elle ne serait pas longtemps à la maison.

ANTONIA.

Tu sais, ma sœur, que ma tante aime à être obéie promptement; voilà l'heure de l'habiller, et Lucie est très exacte à son service.

CÉSARINE.

Tu me contredis toujours; il suffit que je blâme une personne pour lui donner droit à tes louanges.

ANTONIA.

Je t'assure, ma sœur......

CÉSARINE.

N'en parlons plus, je te prie; tu me fatigues. (*Après une pause.*) Qu'il me tarde de voir cette parente de maman!

ANTONIA.

Je partage bien vivement ton impatience. Pauvre mère! quel bonheur pour nous de voir une personne qui l'a connue, qui l'a aimée!

CÉSARINE.

Puisque cette dame est riche, elle nous a sans doute apporté des cadeaux précieux, une montre peut-être, cela m'irait bien; car il est honteux pour une demoiselle de mon âge de n'en point avoir : je crois pourtant que j'aimerais mieux encore une jolie parure en corail ou en perles, cela sied si bien !...... Mais, en attendant, voyons si tout ici est en ordre. (*Elle regarde de tout côté.*) Oui, ce n'est pas mal...... et nos toilettes !.... qu'en dis-tu, Antonia ? il faudrait peut-être nous habiller un peu mieux.

ANTONIA.

Bah! nous sommes à la maison, et il est encore bien matin ; une grande parure serait ridicule ; d'ailleurs nos vêtements sont propres.

CÉSARINE.

Un peu de toilette ne messied pas et rend toujours plus aimable, je vais me recoiffer un peu... Viens-tu ?

ANTONIA.

Non, ma sœur, je me trouve bien. (*Seule.*) Ah ! oui, faire une nouvelle toilette ; j'ai ici un ouvrage bien plus intéressant. (*Elle cherche dans un meuble et prend un bas commencé ; elle s'assied et se met à tricoter.*) Quel bonheur pour moi si je puis bientôt finir cette paire de bas, et voir enfin cette pauvre femme vêtue un peu plus chaudement cet hiver !.. Mais on vient, je crois. (*Elle écoute.*) Non, non, je me trompe..... Je ne voudrais pour rien au monde être surprise, je serais grondée,... et cependant pouvais-je faire un meilleur usage de mon argent ? Quelle parure aurait pu me procurer un plaisir aussi doux que celui que je goûte en ce moment ?

Scène 6.

ANTONIA, MARGUERITE.

MARGUERITE.

Êtes-vous seule, mam'zelle Antonia ?

ANTONIA.

Oui ; ma sœur est à sa toilette, et ne vient pas encore, je pense.

MARGUERITE.

Votre petite protégée est en bas.

ANTONIA.

Faites-là vite monter, je vous prie, Marguerite. (*Seule.*) Pauvre enfant, que je serais heureuse si je pouvais lui donner quelque instruction et contribuer ainsi à son bonheur!

Scène 7.

ANTONIA, MARIETTE.

MARIETTE.

Bonjour, mam'zelle Antonia.

ANTONIA.

Bonjour, ma petite Mariette. Pourquoi n'es-tu pas venue hier?

MARIETTE.

Je suis venue trois fois, mam'zelle, mais je n'ai pas osé entrer, mam'zelle Césarine était auprès de vous, et elle m'aurait grondée.

ANTONIA.

As-tu étudié ta leçon? Sais-tu ton catéchisme?

MARIETTE.

Oui, mam'zelle.

ANTONIA.

Voyons. Que nous ordonne le quatrième commandement?

MARIETTE.

D'aimer nos pères et mères, de les honorer,

de leur obéir et de les assister dans leurs besoins.

ANTONIA.

Tu le vois, Mariette, c'est Dieu lui-même qui nous ordonne d'aimer nos parents et de leur obéir, il promet même les plus grandes récompenses aux enfants soumis qui réjouissent le cœur de leur mère; mais malheur à l'enfant ingrat qui contriste ceux qui lui ont donné le jour, il attire, sur sa tête coupable, les plus grands malheurs ! Souviens-t-en, Mariette ; sois toujours tendre et soumise envers ta mère, et tu seras toujours heureuse.

MARIETTE.

Oh ! oui, mam'zelle, je vous le promets.

ANTONIA.

As-tu été sage ? as-tu bien travaillé ?

MARIETTE.

Oh ! oui, mam'zelle, j'ai fait bien au-delà de la tâche que maman m'avait donnée.

ANTONIA.

Que je t'aime, ma petite Mariette ! va, tu n'y perdras rien, et je te réserve quelque chose de joli.

MARIETTE.

Ne me parlez pas de récompense, mam'zelle Antonia, je serai toujours assez heureuse si vous m'aimez.

ANTONIA.

Aimable petite..... Allons, prends ton livre, et cherche ta leçon.

MARIETTE (*prenant son livre et cherchant sa leçon*).

La voilà, mam'zelle. (*Elle lit un instant.*)

ANTONIA.

J'entends ma sœur, va-t-en, ma petite, et reviens tantôt; je serai seule, j'espère. (*Mariette sort.*)

Scène 8.

ANTONIA, CÉSARINE.

CÉSARINE.

Antonia, comment me trouves-tu?

ANTONIA.

Très bien.

CÉSARINE.

Crois-tu que cette coiffure sied mieux à ma figure que celle de ce matin?

ANTONIA.

Que veux-tu que je te dise? je ne me connais guère en toilette, et tu es toujours tout-à-fait à mon goût.

CÉSARINE. (*Avec humeur.*)

C'est ne me rien dire; tu es à mon égard d'une contrariété.....

ANTONIA.

Sois bien persuadée, ma chère Césarine, que

je n'ai aucune envie de te contrarier ; l'amitié que j'ai pour toi...

CÉSARINE.

Tais-toi, tu m'ennuies ; si tu ne veux pas répondre à ce que je te dis, ne me parle pas.

(*Antonia prend un livre.*)

CÉSARINE.

Tu vas bouder, n'est-ce pas ?

ANTONIA.

J'en suis bien éloignée, je t'assure ; je vais repasser mes leçons, afin de les savoir lorsque ma tante voudra nous les faire réciter.

CÉSARINE.

Tu ne cherches qu'à flatter ma tante pour gagner ses bonnes grâces ; c'est, je crois, ce qui te rend si studieuse.

ANTONIA.

Oh ! Césarine, quelle idée as-tu donc de moi ? tu devrais t'apercevoir que je ne suis pas flatteuse. D'ailleurs, il me semble que si nous nous appliquons à nos devoirs, l'avantage est pour nous.

CÉSARINE

Quel avantage pouvons-nous tirer des leçons de notre tante ? Elle n'est certes pas dans le cas de nous instruire, elle sait elle-même si peu de chose ! ne ferait-elle pas mieux de nous placer dans quelque pensionnat renommé, où, tout en nous instruisant dans les connaissances utiles, nous nous formerions aux belles manières et nous serions bientôt en état de nous présenter dans le monde ; au lieu qu'ici, toujours renfermées, ne voyant presque personne, nous végétons, et les bonnes dispositions dont nous a pourvues la nature, nous deviennent inutiles.

ANTONIA.

Je suis comme toi, ma sœur, bien persuadée que nous serions mieux instruites en pension qu'ici ; mais écoute donc, ma tante ne nous doit rien, et nous devons être reconnaissantes de tout ce qu'elle a fait pour nous ; seules, isolées sur la terre, que serions-nous devenues sans ses bontés ?

CÉSARINE.

Ne crois pas qu'elle ait suivi les mouvements de son cœur en nous recueillant chez elle, mais seulement sa vanité ; qu'aurait-on dit dans le monde si elle eût laissé les enfants de son frère sans secours ? Elle tient tant à l'opinion du monde ! Sa parure outrée et ridicule en est la preuve.

ANTONIA.

Fi ! Césarine ; peux-tu parler ainsi d'une parente, qui après tout est notre bienfaitrice !

CÉSARINE.

Laisse-moi tranquille avec tes sermons ; je ne

puis pas aimer une personne qui me gronde sans cesse et me rend malheureuse. Ah! plût à Dieu que cette parente que nous attendons aujourd'hui voulût se charger de nous! C'est tout mon espoir.

(*A Antonia.*)

Te voilà encore après tes livres; il n'y a aucun plaisir avec toi.

Scène 9.

Mme DELMONT, ANTONIA, CÉSARINE.

Mme DELMONT.

Lucie est-elle ici?

ANTONIA.

Non, ma tante; voulez-vous que j'aille l'appeler?

CÉSARINE.

Si je pouvais la remplacer en ce moment, ma bonne tante, que je serais heureuse! j'aurais tant de plaisir à vous être utile!

Mme DELMONT.

Je te remercie, ma chère amie. Antonia! va la chercher.

ANTONIA.

Oui, ma tante. (*Elle sort.*)

Scène 10.

Mme DELMONT, CÉSARINE.

Mme DELMONT.

Que faisiez-vous, ta sœur et toi ?

CÉSARINE.

J'étudiais mes leçons, ma tante.

Mme DELMONT.

Et Antonia ?

CÉSARINE.

Ma bonne tante, ne m'interrogez pas sur la conduite de ma sœur; vous savez combien je l'aime.

Mme DELMONT.

Je te comprends, elle perdait son temps; cette petite se confie dans ses moyens naturels, elle ne s'applique pas assez, se dissipe, et finira par ne rien savoir. Toi, Césarine, continue toujours à travailler avec application, et tu verras par la suite les difficultés disparaître; tout est possible avec la bonne volonté : je suis sûre que malgré ton peu de mémoire, tu surpasseras un jour ta sœur.

CÉSARINE. (*A part, en riant.*)

Mon peu de mémoire, pauvre femme !

Scène 11.

Mme DELMONT, ANTONIA, CÉSARINE, LUCIE.

LUCIE. (*En entrant.*)
Que me veut madame?

Mme DELMONT.
Vous êtes insupportable, Lucie, il faut toujours vous appeler vingt fois lorsqu'on a besoin de vous.

LUCIE.
J'étais occupée par vos ordres, madame : je rentre à l'instant même ; je viens de faire la commission que vous m'aviez donnée.

Mme DELMONT.
Ah! oui, oui, je me rappelle... Allez chercher mon ombrelle, mon sac et mes gants ; fermez les volets de ma chambre pour entretenir la fraîcheur ; et vous allez m'accompagner chez madame de Saint-Amand, où je vais prendre le thé.

LUCIE.
Oui, madame. (*Elle sort.*)

CÉSARINE. (*A part.*)
Bon! nous serons seules toute la journée. (*A sa tante.*) Vous allez sortir, ma bonne tante combien le temps va me durer!... Au moins reviendrez-vous bientôt?

ANTONIA.

Si notre parente vient pendant votre absence, elle sera bien privée.

Mme DELMONT. (*A part.*)

Je vais bien me gêner pour elle! (*Haut.*) Il m'est impossible de l'attendre.

CÉSARINE.

Sans doute, ma bonne tante, il vous serait impossible de résister à l'empressement qu'on a de vous voir; vous êtes si aimable!

Mme DELMONT. (*En souriant.*)

Petite flatteuse!

CÉSARINE.

Je parle comme je pense, je vous assure, ma chère tante. Ah! que vous êtes donc bien mise aujourd'hui! quel élégant négligé! Combien vous avez de goût!

Mme DELMONT. (*D'un air satisfait.*)

Crois-tu? En effet, je ne m'entends pas mal à assortir ma toilette, et je voudrais que vous eussiez un peu plus de ce goût, de ce tact qui fait choisir au premier coup-d'œil ce qui convient le mieux; mais vous êtes toujours arrangées sans ordre, sans goût.

LUCIE. (*En rentrant.*)

Madame, je suis à vos ordres.

Mme DELMONT.

Allons... (*A ses nièces.*) Mesdemoiselles, ne

sortez pas, occupez-vous ; que vos devoirs soient faits, vos leçons apprises, votre ouvrage avancé, autrement !...

TOUTES DEUX A LA FOIS.

Oui, ma tante. (*Mme Delmont sort avec Lucie.*)

Scène 12.

ANTONIA, CÉSARINE.

CÉSARINE.

Oui, oui, je n'y manquerai pas. Elle parle à son aise, notre vieille tante ; elle ne nous donne presque rien pour notre toilette, tandis qu'elle dépense horriblement pour la sienne ; ensuite elle nous gronde de ce que nous sommes mises sans goût. Ah ! certes, si je dépensais la moitié des sommes qu'elle emploie, je ne voudrais pas être aussi ridicule qu'elle ; c'est une caricature.

ANTONIA.

Fi ! ma sœur ; peux-tu te moquer ainsi de notre tante ? cela n'est pas bien ; tu ne lui disais pas cela tout-à-l'heure.

CÉSARINE.

Va-t-on dire aux gens leurs vérités en face ? Mais je te fais grâce de tes remontrances..... Voyons si notre tante n'aurait pas laissé par-là quelques-uns de ses romans, cette lecture m'amuse beaucoup. (*Elle cherche.*)

ANTONIA.

Elle ne te convient pas, Césarine ; apprends plutôt tes leçons ; tu seras grondée.

CÉSARINE.

Apprends plutôt les tiennes, pauvre sotte ! avec quelques flatteries, je saurai me tirer d'affaires ; d'ailleurs, que nous apprenions ou non, cela ne nous empêche pas d'être grondées, et la pauvre tante ne s'en inquiète guère ; elle ne se fâche que lorsqu'elle est de mauvaise humeur... (*Elle cherche de nouveau.*) Ah! voilà un joli livre, la gravure m'annonce quelque chose d'intéressant.

ANTONIA.

Je t'en prie, ma sœur, laisse ce livre ; tu sais ce qu'on nous a dit au catéchisme sur le danger des mauvaises lectures.

CÉSARINE.

Mêle-toi donc de ce qui te regarde ; je me soucie bien de ce que j'ai ouï dire au catéchisme ; je ne suis plus une enfant. (*Elle lit à voix basse.*) Que ce livre est joli! Mais où ai-je mis mon mouchoir de poche? (*Elle sonne.*)... Cette Marguerite ne viendra pas, au moins... (*Elle sonne de nouveau.*)

ANTONIA.

Que veux-tu donc, ma sœur?

CÉSARINE.

J'ai besoin de Marguerite.

ANTONIA.

Elle est bien occupée aujourd'hui.

CÉSARINE.

C'est dommage, vraiment!... Et à cause de cela il faudrait sans doute que je me servisse moi-même!

Scène 13.

ANTONIA, CÉSARINE, MARGUERITE.

MARGUERITE.

Que me voulez-vous donc, mesdemoiselles?

CÉSARINE.

Regardez voir si mon mouchoir de poche ne serait pas dans la pièce voisine.

MARGUERITE.

Comment, mademoiselle, c'est pour une chose pareille que vous me faites venir du fond du jardin, où je suis très occupée!

CÉSARINE.

N'êtes-vous pas ici pour nous servir?

MARGUERITE.

Avec votre permission, mademoiselle, je ne dois servir que madame votre tante, et certainement si elle était ici, vous ne feriez pas ce que vous faites! (*Elle cherche.*)

CÉSARINE.

Taisez-vous, impertinente! ma tante entend que nous soyons servies.

MARGUERITE. (*D'un air moqueur.*)

Oui, sans doute. (*Elle trouve le mouchoir de poche à terre derrière Césarine.*) Tenez, le voilà votre mouchoir de poche. Il n'était pas loin de vous.

CÉSARINE. (*D'un ton impérieux.*)

Taisez-vous, vous dis-je. (*Marguerite sort.*) Que cette fille est donc grossière ! Ah ! si jamais j'ai des domestiques à moi, on ne me parlera pas ainsi impunément !... Mais voyons, où ai-je laissé ma lecture ? (*Elle feuillette son livre.*) Ah ! bon, le voici. (*Elle lit pendant quelques minutes avec attention, ensuite elle laisse tomber son livre, bâille et donne plusieurs marques d'ennui.*) Que je m'ennuie ! Hélas ! que les demoiselles qui sont riches et indépendantes sont donc heureuses !... Être toujours seules, manquer de tout, quelle triste vie ! (*A sa sœur.*) Que fais-tu donc, Antonia ?

ANTONIA.

Tu le vois, j'étudie mes leçons.

CÉSARINE.

Tu m'impatientes avec ton sang-froid.

MARGUERITE. (*En entrant.*)

Mesdemoiselles, deux dames étrangères demandent si vous êtes visibles.

CÉSARINE.

Quel bonheur ! Faites entrer. (*A Antonia.*)

La voilà donc, cette bonne tante! Je suis sûre que tu vas bien la flatter, afin de t'attirer par ce moyen les plus jolis cadeaux.

ANTONIA.

Ah! ma sœur, que dis-tu?

Scène 14.

Mmes ST-ELME et HENRIETTE (*mises très simplement*), ANTONIA, CÉSARINE.

Césarine, en entendant sa tante, fait un pas pour aller à sa rencontre; mais à peine a-t-elle jeté un regard sur elle, qu'elle prend un air méprisant et se retire à l'écart.

Mme ST-ELME.

Mes jeunes demoiselles, je n'ai pas l'honneur d'être connue de vous, mais peut-être avez-vous entendu parler d'une cousine de madame votre maman qui était établie en Amérique?... Eh bien, c'est moi.

ANTONIA.

Quoi! vous seriez ma bonne tante Mélanie! Oh! que j'ai de joie de vous revoir? Je me rappelle toujours avec délices les caresses que j'ai reçues de vous dans ma première enfance.

Mme ST-ELME.

Excellente enfant! Hélas! le temps où je partageais avec votre digne mère les soins de votre enfance était le plus heureux de ma vie! Et vous, ma bonne Césarine, vous souvenez-vous de moi?

CÉSARINE. (*Sèchement.*)

Non, madame, je n'ai pas une aussi bonne mémoire.

Mme ST-ELME.

Cela n'est pas étonnant, vous êtes un peu plus jeune que votre sœur ; mais pour moi, je ne pourrais vous méconnaître, car votre ressemblance avec votre chère maman est frappante. (*Elle veut l'embrasser.*) Oh! que j'aie le plaisir de vous serrer sur mon cœur.

CÉSARINE. (*La repoussant.*)

Ah! de grâce, madame, vous m'étouffez!

Mme ST-ELME. (*Tristement.*)

Vous êtes donc bien délicate, Césarine... O Dieu! appartenir à une si bonne mère!

ANTONIA.

Ma chère tante, cette dame est-elle notre parente?

Mme ST-ELME.

Non, ma chère enfant, mais elle était l'intime amie de votre maman.

ANTONIA. (*A Henriette.*)

Permettez-moi, madame, de vous embrasser ; privée de ma tendre mère, je trouve une bien douce consolation à voir les personnes qui l'ont connue, qui l'ont aimée.

HENRIETTE.

Et moi, ma chère demoiselle, j'éprouve une

douce émotion auprès de vous; en entendant votre voix, il me semble l'entendre elle-même.

ANTONIA.

Que je serais heureuse si je lui ressemblais en tout! Ma chère tante, êtes-vous arrivée depuis plusieurs jours?

Mme ST-ELME.

Crois-tu, chère enfant, qu'il m'aurait été possible d'être aussi près de vous sans vous voir? Non, je suis arrivée seulement hier soir.

CÉSARINE. (*A part, en levant les épaules.*)

Crois-tu, crois-tu! Que cette femme est familière!

ANTONIA.

J'espère, ma bonne tante, que vous allez fixer votre séjour ici, et que nous aurons le plaisir de vous voir souvent.

Mme ST-ELME.

Oui, ma chère Antonia, ce sera ma seule jouissance; d'ailleurs, les malheurs que j'ai éprouvés en Amérique m'ôtent à jamais le désir d'y retourner.

ANTONIA.

Pauvre tante! Vous avez donc été bien malheureuse?

Mme ST-ELME.

Hélas! oui, j'ai tout perdu : **mon mari**, mes enfants, ma fortune!

ANTONIA.

Nous tâcherons, ma chère tante, de vous faire oublier vos chagrins par l'affection que nous aurons pour vous. Vous viendrez nous voir souvent, n'est-ce pas?

Mme ST-ELME.

Aussi souvent que mes occupations pourront me le permettre; car, ma chère enfant, je suis pauvre, et il faudra que je travaille pour gagner ma vie.

CÉSARINE. (*Sèchement.*)

Ce pays vous offrira peu de ressources.

Mme ST-ELME.

Je ne suis pas ambitieuse, et le plaisir de vous voir quelquefois me dédommagera de ce qui pourrait me manquer d'ailleurs..... Vous voudrez bien me recevoir?

CÉSARINE.

Je ne suis pas la maîtresse ici; ce n'est pas à moi à y admettre personne.

Mme ST-ELME.

Je pense obtenir l'agrément de madame votre tante; j'espère même qu'elle pourra m'employer, je travaille assez bien.

ANTONIA.

Oh! sans doute; et moi, je travaillerai toute la journée auprès de vous : quel bonheur!

CÉSARINE.

Ma tante a toutes ses ouvrières attitrées, elle n'aime pas à changer.

Mme ST-ELME.

Cela fait honneur à son bon cœur, et me fait espérer qu'elle aura quelque égard pour la parente de ses nièces.

CÉSARINE.

Il est possible, madame.

Mme ST-ELME.

Madame! pourquoi donc toujours dire madame à une tante?

CÉSARINE. (*Du ton le plus méprisant.*)

Tante! oh! non, madame : parente éloignée, s'il vous plaît.

Mme ST-ELME.

Vous avez raison, mademoiselle; je saurai m'en soutenir.

ANTONIA. (*A part.*)

Qu'elle est peinée! (*Haut.*) Ma chère tante, votre voyage vous a sans doute bien gênée; peut-être êtes-vous dans le besoin... si j'osais!...

Mme ST-ELME.

Et quoi, ma chère amie?

ANTONIA. (*Lui présentant une pièce d'or.*)

Vous offrir cette pièce d'or, qui est bien à moi, je vous assure; c'est le fruit de mes petites épargnes.

Mme ST-ELME.

Tes épargnes, excellente enfant! non, non, je ne veux pas t'en priver.

ANTONIA.

Je vous en conjure, ma chère tante, veuillez la garder.

Mme ST-ELME. (*Avec transport.*)

Oui, mon ange, oui, je la garderai toute ma vie!

ANTONIA. (*Surprise.*)

Toute votre vie, ma tante?

Mme ST-ELME.

Je veux dire, chère enfant, que toute ma vie, je garderai le souvenir de ta générosité.

ANTONIA. (*Lui pressant la main.*)

Ma bonne tante!

Mme ST-ELME.

Comme madame Delmont peut tarder à rentrer, mes chères enfants, je vais prendre congé de vous; j'aurai l'honneur de la voir un peu plus tard.

ANTONIA.

Vous nous quittez déjà, ma bonne tante?

Mme ST-ELME.

Nous nous reverrons, ma chère Antonia.

Scène 15.

ANTONIA, CÉSARINE.

CÉSARINE.

A quoi bon tant d'instances? Quel plaisir peux-tu trouver avec ces femmes du commun?

ANTONIA.

Comment, Césarine! une parente, une amie de maman! une personne qui nous a comblées de caresses dans notre enfance! Ah! quelle que soit sa condition, elle doit nous être bien chère!

CÉSARINE. (*D'un ton dédaigneux.*)

C'était sans doute une protégée de maman, car certainement elle n'avait pas de pareilles amies.

ANTONIA.

Ne l'eût-elle connue qu'à ce titre, nous devrions toujours l'aimer....... Mais ma pauvre maman n'avait pas des amies très distinguées, puisque elle-même n'était pas riche, et qu'elle ne nous a rien laissé. J'ai bien peur, Césarine, que tes manières froides aient fait de la peine à notre parente.

CÉSARINE. (*En riant.*)

J'en suis fâchée, vraiment; mais je ne me sens nullement disposée à former de pareilles liaisons, ni à être traitée par ces gens-là avec une familiarité révoltante.

2.

ANTONIA.

Ce langage part du cœur.

Scène 16.

ANTONIA, CÉSARINE, NANETTE, FANCHETTE.

NANETTE.

Ah! mes bonnes demoiselles, que je suis malheureuse! il vient de nous arriver un malheur affreux.

ANTONIA. (*Avec inquiétude.*)

Qu'est-ce donc, ma pauvre Nanette? tu m'effraies.

NANETTE.

Hélas! ma chère demoiselle, mon pauvre père est tombé du haut d'une muraille, il s'est abîmé; le voilà pour longtemps au lit, et nous n'avons pas un morceau de pain à la maison.

ANTONIA.

Ah! ma pauvre Nanette, que ton malheur m'afflige! Que je regrette en ce moment de ne pas être riche! combien j'aurais de plaisir à te soulager..... Tiens, tiens, ma Nanette, prends ceci, c'est le fond de ma bourse. (*Elle lui présente quelques pièces de monnaie.*)

NANETTE.

Que vous êtes bonne, ma chère demoiselle!

mais je ne veux pas vous priver de votre argent; il vous est donné pour vos petites dépenses.

CÉSARINE.

Si vous ne vouliez pas en priver, vous ne demanderiez pas.

NANETTE.

Hélas! ma chère demoiselle, il est bien force de demander lorsque la misère accable! Si madame votre tante voulait nous assister.

CÉSARINE.

Oh! oui, sans doute, tu peux y compter!... Ma tante a bien autre chose à faire; ne faut-il pas qu'elle achète encore trois ou quatre parures avant l'hiver?

ANTONIA.

Tais-toi, Césarine; ma tante est bonne, les soins qu'elle prend de nous en sont la preuve... Je lui parlerai de toi, ma Nanette, et je tâcherai d'en obtenir quelque chose.

CÉSARINE.

Tu y réussiras, sois tranquille! Tu te feras gronder, et voilà tout.

NANETTE.

Ah! mam'zelle Césarine, si vous ne voulez pas nous assister, n'empêchez pas mam'zelle votre sœur de le faire : si vous saviez comme on est malheureux lorsqu'on manque de tout!

CÉSARINE.

Eh bien! petite morveuse, vas-tu te mêler de me faire la leçon? est-ce ma faute à moi si tu n'as rien? suis-je cause du malheur arrivé à ton père?

NANETTE.

Hélas! mam'zelle, que le ciel vous préserve d'être jamais dans le besoin, vous verriez!...

FANCHETTE. (*D'un ton pleureur.*)

J'ai faim!...

ANTONIA.

Pauvre petite! attends un peu, je vais te donner le gâteau de mon dessert, que fort heureusement je n'ai pas mangé hier soir. (*Elle sort.*)

NANETTE.

Vous êtes trop bonne, mam'zelle Antonia; un petit morceau de pain, c'est tout ce qu'il lui faut.

CÉSARINE.

Sans doute, elle n'est pas accoutumée aux friandises, mais le pain ici ne nous appartient pas.

ANTONIA. (*En rentrant elle donne un petit gâteau à Fanchette.*)

Tiens, ma petite Fanchette.

FANCHETTE.

Grand merci, mam'zelle. (*Elle mange avec avidité.*)

NANETTE.

Que le ciel vous récompense, mam'zelle Antonia. Vous voudrez donc bien parler pour nous à votre tante?

ANTONIA.

Oui, ma Nanette. (*Les petites filles sortent.*)

Scène 17.

ANTONIA, CÉSARINE.

CÉSARINE.

Courage, Antonia, cela ne va pas mal; tu seras vertement grondée par ma tante : tu as déjà donné une partie de ton argent à ta chère parente, et tu donnes le reste à cette petite.

ANTONIA.

Cet argent est bien à moi. Je le destinais à m'acheter une robe et quelques livres; je m'en passerai, il m'est impossible de voir souffrir mes semblables.

CÉSARINE. (*D'un air moqueur.*)

Voilà une disposition fort généreuse, dont ma tante ne te tiendra pas compte, je t'en réponds.

ANTONIA.

Il est possible, et je serais au désespoir de fâcher ma tante; mais je ne pouvais faire autrement, ces pauvres petites me faisaient trop de peine.

CÉSARINE. (*D'un air moqueur.*)

C'est très bien! c'est admirable! je te félicite de tes beaux sentiments; mais ce n'est pas lorsqu'on manque de tout, comme nous le faisons, qu'on se donne le ton de faire la généreuse.

ANTONIA.

Comment donc, ma sœur? je ne manque de rien, j'ai le nécessaire.

CÉSARINE.

Tu m'excèdes. Ah! tu es bien digne de ta chère parente! Tu ne manques de rien, n'est-ce pas, lorsqu'il y a eu cette année une infinité de modes nouvelles qu'il nous a été impossible de suivre!

ANTONIA.

Nous n'avons pas été ridicules; eh! combien de demoiselles de notre condition étaient encore moins bien mises que nous!

CÉSARINE.

Tiens, tu déraisonnes à tel point que je n'y tiens plus. Je vais faire un tour de jardin pour me désennuyer (*Elle sort.*)

ANTONIA. (*Seule.*)

Que ma pauvre sœur me fait donc de peine avec ses travers d'esprit! Elle ne sera jamais heureuse dans son humble position.

Scène 18.
ANTONIA, MARGUERITE.

MARGUERITE. (*En entrant.*)

Mademoiselle Antonia, cette pauvre femme pour qui vous faites des bas est à la cuisine, faut-il la faire monter?

ANTONIA.

Non, je craindrais d'être surprise par ma tante, qui ne peut tarder de rentrer. Je descends. (*Elle sort.*)

MARGUERITE. (*Seule.*)

Chère demoiselle! quel dommage qu'elle ne soit pas riche! combien elle ferait d'heureux! Quelle différence entre elle et sa sœur!

Scène 19.

Mme ST-ELME, HENRIETTE (*toutes deux vêtues avec la dernière élégance*), MARGUERITE.

Mme ST-ELME.

Les demoiselles Florville sont-elles visibles?

MARGUERITE.

Oui, mesdames, je cours les appeler. (*Elle sort.*)

Mme ST-ELME.

Je jouis d'avance de leur surprise. Chère Antonia, quel bonheur pour moi de récompenser ton bon cœur! Ah! je le sens, tu vas me remplacer tout ce que j'ai perdu.

HENRIETTE.

Oui, ma chère amie, vous allez trouver dans cette charmante enfant une fille tendre qui séchera vos pleurs, et vous lui tiendrez la place de son excellente mère. Que ce jour est heureux! que Dieu en soit béni!

Scène 20.

Mme ST-ELME, HENRIETTE, ANTONIA, CÉSARINE.

CÉSARINE. (*En entrant.*)

J'ai l'honneur de vous saluer, mesdames, veuillez vous asseoir..... Mais, puis-je en croire mes yeux et ne me trompé-je pas? Est-ce vous, ma chère tante?

ANTONIA. (*Surprise.*)

Ma tante!

Mme ST-ELME. (*A Césarine.*)

Tante? Oh! non, mademoiselle, parente éloignée, s'il vous en souvient. (*A Antonia.*) Ma bonne amie, ma chère fille, que j'ai de plaisir à te revoir!

ANTONIA.

Ma bonne tante!

CÉSARINE.

Vous me punissez bien cruellement pour une erreur passagère, ma chère tante; à peine vous nous eûtes quittées que je me remis vos traits, j'étais désolée de ne vous avoir pas reconnue d'abord.

Mme ST-ELME.

Ma mise était tellement simple, en effet, qu'elle devait me rendre méconnaissable aux yeux de la vanité.

CÉSARINE.

O ma chère tante! pouvez-vous croire?...

Mme ST-ELME.

Oui, mademoiselle, je crois ce que je vois. Depuis bien des années, fêtée et recherchée pour ma grande fortune et mon élégante parure, j'ai voulu voir ce que j'étais par moi-même, et, comme vous l'avez vu, cette épreuve ne m'a pas été favorable... Mais, que dis-je? elle m'a fait connaître et apprécier ma bonne Antonia. O ma fille! que tu m'es devenue chère! Tu es bien le portrait vivant de ton excellente mère, et toute l'affection que j'avais pour elle se reporte sur toi! Tu ne me quitteras plus; et mon bonheur sera de te faire jouir de tous les avantages que peuvent procurer l'amitié et la fortune.

ANTONIA.

Ah! ma chère tante, rien ne manquerait à ma félicité si ma sœur pouvait la partager; soyez assez bonne pour lui pardonner, je vous en supplie; son cœur n'était pour rien dans la réception qu'elle vous a faite.

Mme ST-ELME.

Je veux bien croire qu'elle a été entraînée par la vanité, mais cela ne la rend guère excusable. Que penser d'une jeune personne capable de méconnaître la parente, l'amie d'une mère dont elle doit chérir la mémoire, parce que l'extérieur de cette amie blesse son orgueil? Combien son cœur doit être méchant! Je veux bien, par considération pour toi, cacher sa faute à sa tante, mais je ne la prendrai point avec moi, comme je l'avais résolu d'abord. Elle sera à mon égard ce qu'elle a voulu être, une parente éloignée et inconnue, jusqu'à ce que l'entier changement de sa conduite lui donne une place distinguée dans mon cœur et dans mes bienfaits.

CÉSARINE.

Ma chère tante, je saurai me rendre digne de vos bontés.

Mme ST-ELME.

Nous verrons, Césarine. Vous avez cruellement déchiré mon cœur; cependant je pourrai vous pardonner si vous tenez votre promesse.

CÉSARINE.

Je la tiendrai, ma tante; j'ai honte de ma conduite passée.

Mme ST-ELME.

C'est déjà un commencement de conversion

de reconnaître ses torts ; l'avenir m'apprendra si ce repentir est sincère. Mais n'en parlons plus, ce souvenir me fait trop de peine.

Scène 21.

HENRIETTE, Mme ST-ELME, ANTONIA, CÉSARINE, MARIETTE.

Mariette avance sa tête et se retire; Antonia lui fait signe d'approcher.

MARIETTE. (*A demi-voix.*)
Je n'ose pas.

ANTONIA.
Ne crains rien, ma petite, entre.

Mme ST-ELME.
Qui est cette enfant ?

ANTONIA.
C'est une bonne petite fille que j'ai bien du plaisir à vous présenter, ma tante ; elle brûle de s'instruire, et venait pour lire sa leçon.

Mme ST-ELME.
Et c'est toi qui lui enseignes à lire ?

ANTONIA.
Oui, ma tante, c'est pour moi un plaisir ; elle est si gentille.

Mme ST-ELME.
Tout ce que je vois et tout ce que j'entends mon Antonia, m'enchante et me fait désirer ave

plus d'ardeur de t'avoir près de moi. (*A Mariette.*) Que sont tes parents, ma petite fille ?

ANTONIA.

Une bonne femme veuve, bien pauvre, chargée du soin de sa mère infirme et de quatre enfants en bas âge.

Mme ST-ELME. (*A Mariette.*)
Aimes-tu bien mademoiselle Antonia?

MARIETTE.

Ah! si je l'aime, madame, elle est si bonne!

Mme ST-ELME.

Eh bien! je ne vous séparerai pas : tu viendras avec elle chez moi, elle pourra finir ton éducation.

ANTONIA.

Ah! ma chère tante! comment pourrai-je vous témoigner ma reconnaissance? (*A Mariette.*) Tu resteras toujours avec moi, Mariette.

MARIETTE. (*Avec joie.*)
Toujours auprès de vous, mam'zelle, quel bonheur! que je vais être sage!... me permettez-vous d'aller donner cette bonne nouvelle à maman ?

Mme ST-ELME.

Oui, ma petite, et dis-lui en même temps qu'elle ne manquera plus de rien, j'aurai soin d'elle. (*Mariette sort.*) Grâces à Dieu! cette journée me procure.....

Scène 22.

Mme ST-ELME, HENRIETTE, ANTONIA, CÉSARINE, Mme DELMONT, LUCIE.

Mme DELMONT. (*En entrant.*)

Eh bien! mesdemoiselles, avez-vous travaillé?..... Mille pardons, mesdames, je ne vous voyais pas..... Mesdemoiselles, pourquoi avez-vous reçu ces dames dans votre chambre, au lieu de les conduire au salon?

Mme ST-ELME.

Nous sommes parfaitement ici, madame. Vous ne reconnaissez pas, je le vois, la parente de mesdemoiselles vos nièces.

Mme DELMONT.

Eh quoi! vous seriez mademoiselle Mélanie? je ne puis en croire mes yeux! Quelles circonstances heureuses ont pu vous amener parmi nous?

Mme ST-ELME.

Oui, madame, c'est moi-même; mais, hélas! les circonstances qui me ramènent dans ma patrie sont bien loin d'être heureuses! Mariée depuis dix ans, comme vous le savez, à monsieur St-Elme, je m'embarquai peu après avec mon mari pour l'Amérique, et, pendant quelques années, j'eus avec mes amies de France une correspondance qui ne servit pas peu à adoucir les regrets que j'éprouvais d'avoir quitté ma patrie ; à la longue les lettres devinrent plus rares, et après la mort de mon excellente amie, la mère de ces enfants, je n'en reçus plus aucune. Cependant la Providence me donnait de grands motifs de consolation : mon mari fit des entreprises commerciales qui eurent les plus heureux résultats, et en peu de temps notre fortune devint considérable, tandis que deux jeunes enfants me donnaient par leurs grâces et leurs heureuses dispositions les plus grandes espérances.... Tout semblait me sourire dans l'avenir ; mais, hélas ! peut-on compter sur une félicité stable dans cette vie ? Au milieu de ma prospérité, une mort prématurée vint frapper mon époux, mes enfants, et ma douleur fut si vive, que je pensai les suivre au tombeau...... Enfin peu à peu la raison et la religion vinrent à mon secours et m'aidèrent à vaincre mon chagrin. Mais n'ayant plus rien qui pût m'attacher dans le Nouveau-Monde, j'ai réalisé ma fortune et j'ai traversé les mers pour revenir dans ma patrie, auprès des amies que j'y avais laissées, et surtout de ces chères enfants dont le souvenir ne m'avait jamais quittée.

Mme DELMONT.

Tout en prenant la part la plus vive à vos malheurs passés, je me félicite, madame, de vous voir parmi nous. Si j'osais vous offrir un appartement chez moi?

Mme ST-ELME.

Vous êtes réellement trop bonne, madame, je suis infiniment reconnaissante de votre offre obligeante; mais je ne puis l'accepter, j'ai l'intention d'acheter un hôtel qui est à vendre dans votre voisinage, et j'aurai le plaisir de vous voir souvent. Mais j'ai une prière à vous adresser, madame; je suis seule, et mes chagrins passés se font encore souvent sentir avec violence; j'ai besoin de distractions: seriez-vous assez bonne pour me confier Antonia? je me chargerais de son éducation et de son établissement.

CÉSARINE. (*A part.*)

Qu'elle est heureuse!

Mme DELMONT.

Je n'ai rien à vous refuser, madame. J'espère que le caractère doux et liant d'Antonia vous attachera à elle; elle vous tiendra lieu des personnes chéries que vous avez eu le malheur de perdre.

Mme ST-ELME.

Je l'espère, madame, et mon bonheur sera votre ouvrage, puisque c'est vous qui l'avez élevée; mon cœur ne peut suffire à ma reconnaissance.

Mme DELMONT.

Je jouirai de votre bonheur et du sien, madame : mais cette visite a été pour mes nièces, qui vous ont reçues dans leur chambres ; mesdames, voudriez-vous me faire le plaisir de passer au salon ? je serais enchantée de vous y recevoir.

Mme ST-ELME.

Volontiers, madame : j'ai besoin de causer avec vous. Venez, ma chère Henriette.

LE TRIOMPHE DE L'AMITIÉ.

PERSONNAGES.

La duchesse de ST-ERNEST.
SOPHIE, sa fille.
Madame DELPHINE, maîtresse de pension
Mademoiselle MARIE, sous-maîtresse.
LÉONTINE,
IRMA,
CAROLINE,
ADÈLE,
LOUISE,
MÉLANIE, } pensionnaires.
HÉLÈNE,
THÉRÈSE,
CÉLINA,
EUGÉNIE,
ERNESTINE,
DENISE, femme de chambre.

LE TRIOMPHE DE L'AMITIÉ.

Scène 1.

CAROLINE, ADÈLE, LOUISE, MÉLANIE, HÉLÈNE, THÉRÈSE.

ADÈLE. (*En entrant.*)

Venez ici, mesdemoiselles ; nous serons seules et parfaitement à notre aise pour nous amuser.

HÉLÈNE.

C'est bien imaginé ; allons.

ADÈLE. (*A Caroline, qui est un peu derrière les autres.*)

Viens donc, Caroline ; pourquoi te tiens-tu ainsi à l'écart ?

CAROLINE.

Je n'ose pas ; si nous sommes surprises, nous serons trop grondées.

ADÈLE.

Et qui veux-tu qui nous surprenne ? ces dames sont aujourd'hui trop occupées.

CAROLINE.

Oui, sans doute ; mais il faudrait bien que

nous le fussions aussi : une composition si importante !

ADÈLE.

Je me donnerais une peine inutile ; je n'ai pas de bonheur et je ne serais pas choisie, j'en suis sûre.

LOUISE.

Oh ! ni moi non plus.

MÉLANIE.

Ni moi.

HÉLÈNE.

Moi, moins que les autres ; je suis nouvellement arrivée à la pension, et par conséquent je suis peu avancée ; mais Caroline espère, sans doute !

CAROLINE.

Hélas ! non ; je suis comme assurée de ne pas réussir ; mais je ne voudrais pas que ma composition fût des plus mauvaises, et si je ne la prépare pas,.....

ADÈLE.

Eh bien ! si tu as si peur, va donc la préparer ; pour nous, mes amies, amusons-nous. (*Caroline sort.*

MÉLANIE.

C'est bien dit.

ADÈLE.

Quel jeu voulez-vous faire ? voyons.

LOUISE.

Faisons une ronde.

ADÈLE.

Nous ferions trop de bruit; on nous entendrait, et nous serions punies.

MÉLANIE.

Jouons aux quatre coins.

ADÈLE.

Même inconvénient : toujours trop de bruit.

HÉLÈNE.

Eh bien! jouons à quelque jeu bien paisible : je vous vends mon corbillon, par exemple.

ADÈLE.

Bah! ce jeu est insipide, il n'amuse pas.

THÉRÈSE.

Écoute, Adèle, veux-tu nous finir ce joli conte que tu nous as commencé hier?

TUOTES.

Oh! oui, oui; mon Adèle, je t'en prie.

ADÈLE.

Je le veux bien; asseyons-nous. (*Elles s'asseyent.*) Prêtez-moi toute votre attention...... Vous savez que cette bonne Léocadie.....

Scène 2.

ADÈLE, LOUISE, MÉLANIE, HÉLÈNE, THÉRÈSE, CÉLINA, EUGÉNIE.

ADÈLE. (*Aux deux petites qui entrent.*)

Que voulez-vous, mesdemoiselles?

EUGÉNIE.

Nous avons compris qu'il s'agissait d'un conte, et nous venons pour l'entendre.

HÉLÈNE.

Vous n'y comprendriez rien; allez vous amuser.

CÉLINA.

Vous nous croyez donc bien sottes, si vous nous jugez incapables d'entendre un conte.

LOUISE.

Ce n'est pas un conte de fées, au moins.

CÉLINA.

C'est égal, nous voulons l'entendre.

EUGÉNIE.

Allons, Adèle, continue donc.

ADÈLE.

Eh bien! si vous voulez que je continue, il faut d'abord que Célina nous chante sa jolie petite chanson.

CÉLINA.

Oh! non, je te prie, Adèle; je suis trop honteuse.

LOUISE.

Peux-tu avoir honte avec nous? nous sommes seules.

MÉLANIE.

Ne te fais pas prier, ma petite Célina.

HÉLÈNE.

Ne lui faites pas autant d'instances, ces dames pourraient l'entendre; alors elles viendraient et nous serions grondées.

THÉRÈSE.

Il serait possible, au moins.

HÉLÈNE.

Tiens, Adèle, dis-nous plutôt ton conte, et vous, enfants, ne faites pas de bruit.

EUGÉNIE.

Soyez tranquilles.

ADÈLE.

M'y voilà. Vous savez que cette bonne Léocadie, après avoir épuisé toutes ses ressources pour nourrir sa mère, se trouvait réduite à la plus affreuse misère; dans ce triste état, elle ne se désespérait pas, mais elle comptait fortement sur le secours de la Providence. Sa confiance ne fut point trompée. Un jour qu'elle travaillait seule dans sa chambre, elle entendit tout-à-coup....

Scène 3.

Mme DELPHINE, ADÈLE, LOUISE, MÉLANIE, HÉLÈNE, THÉRÈSE, CÉLINA, EUGÉNIE.

Mme DELPHINE.

Que faites-vous donc là, mesdemoiselles?

EUGÉNIE.

Vous le voyez, madame, nous nous amusons bien tranquillement; Adèle nous dit un joli conte.

Mme DELPHINE.

Adèle vous dit un conte! voilà qui est fort joli!... Comment, mesdemoiselles, dans une journée aussi intéressante que celle-ci, vous n'avez pas honte de dire et d'écouter des contes!

ADÈLE. (*D'un air embarrassé.*)

J'ai si peu de facilité, que je m'appliquerais en vain, je ne réussirais pas.

LOUISE.

Oh! ni moi non plus.

Mme DELPHINE.

Voilà les excuses des paresseuses. Vous avez peu de facilité, mademoiselle Adèle? dites plutôt que personne n'en a plus que vous, mais aussi que personne ne vous égale en paresse.... Eh bien! mademoiselle, je vous avertis que si vous n'êtes pas au moins la seconde en composition, votre maman sera instruite de votre conduite :

et vous savez ce qu'elle vous a promis, vous n'irez point en vacances.

CÉLINA.

Madame, Eugénie et moi nous ne composons pas, voulez-vous nous permettre de nous amuser?

Mme DELPHINE.

Mes petites amies, quoique vous ne composiez pas, il ne faut pas rester dans l'inaction; il serait possible que madame la duchesse vous interrogeât, et si vous ne saviez rien, vous seriez bien honteuses; vous pouvez rester ici, mais il faut étudier vos leçons. (*Aux autres élèves, d'un ton sévère.*) Pour vous, mesdemoiselles, rendez-vous à la salle d'étude, et puisque vous avez été si peu raisonnables, vous ne profiterez pas de la liberté que j'ai donnée à toutes les élèves aujourd'hui. (*Elles sortent.*)

Scène 4.

Mme DELPHINE, CÉLINA, EUGÉNIE.

Mme DELPHINE.

Que ces enfants me causent de chagrin par leur dissipation! Pourquoi faut-il que la raison et l'amour de l'étude viennent si tard, souvent, hélas! lorsqu'on n'a plus ni le temps ni les moyens d'en profiter! (*Aux deux petites.*) Pour vous, mes petites filles, soyez sages et apprenez bien.

CÉLINA ET EUGÉNIE.

Oui, madame. (*Mme Delphine sort.*)

EUGÉNIE.

Que je voudrais être interrogée par madame la duchesse !

CÉLINA.

Moi, je ne le désire pas ; je crains trop de me tromper.

EUGÉNIE.

Qu'en risquons-nous ? nous savons bien nos leçons.

CÉLINA.

Sans doute, mais lorsque l'on craint...

EUGÉNIE.

Il faut prendre un peu d'assurance, autrement nous passerions pour des sottes, ce qui serait fort désagréable... Mais il me semble que j'entends des grandes, allons-nous-en.

CÉLINA.

Allons au jardin, nous serons plus tranquilles. (*Elles sortent d'un côté, Irma entre de l'autre.*)

Scène 5.

IRMA. (*Seule.*)

J'ai beau chercher, me creuser la tête, il ne me vient aucune idée ; que je suis malheureuse !..... L'amitié est pourtant un sentiment si doux, si propre à nous faire supporter les peines de la vie!..... Oh! pourquoi faut-il le sentir si vivement, et ne pouvoir l'exprimer!.

Scène 6.

IRMA, LÉONTINE.

LÉONTINE.

Tu es seule, ma chère Irma? tu prépares ta composition?

IRMA.

Oui, ma chère amie; je réfléchis, je cherche, j'ai mille idées, mais je ne trouve point de termes pour les exprimer. Tu as fini ton ouvrage, toi?

LÉONTINE.

A peu près; je n'ai rien écrit, mais mes phrases sont toutes arrangées dans ma tête, je n'ai qu'à les mettre sur le papier.

IRMA.

Que tu es heureuse, ma Léontine, d'avoir autant de facilité! Je ne te porte certainement pas envie, car je t'aime autant que moi-même; mais que je serais heureuse si j'en avais un peu!

LÉONTINE.

Cela viendra, ma bonne amie; tu es très studieuse et très appliquée; et ces dames disent qu'avec de pareilles dispositions on est toujours sûr de réussir... Il est possible que les idées te

viennent au moment de faire ta composition.....
Je ne désespère pas de te voir première.

IRMA.

Tu te moques, Léontine ; tu sais que je suis très faible. Ah ! je ne porte pas mes espérances si haut ; et si tu es choisie, comme je l'espère, pour aller passer tes vacances auprès de la charmante petite duchesse, je serai aussi contente que si je je l'étais moi-même ; mais cette composition a beaucoup d'éclat, et je ne voudrais pas être tout-à-fait la dernière, afin que ma tante ne me fît pas de reproches.

LÉONTINE.

Tu ne seras pas la dernière, sois-en sûre ; tu travailles tant, ma chère amie... Ah ! que je serais contente si tu étais première !

IRMA.

Je serais certes bien joyeuse aussi ; je passerais d'agréables vacances, et je ne suis guère heureuse chez ma tante... mais c'est une chose impossible, je ne l'espère pas !

LÉONTINE. (*A part.*)

Tu ne l'espères pas ? Ah ! si je pouvais réussir !

IRMA.

Que dis-tu, Léontine ?

LÉONTINE.

Rien, ma bonne.

Scène 7.

IRMA, LÉONTINE, CAROLINE.

CAROLINE.

Eh bien, mes chères amies, où en êtes-vous ? vos compositions sont toutes préparées, n'est-ce pas ?

LÉONTINE.

Pas tout-à-fait ; et la tienne ?

CAROLINE.

Je la crois prête à écrire, et il me vient à chaque instant de nouvelles idées ; il me tarde de les débrouiller sur le papier.

Scène 8.

IRMA, LÉONTINE, CAROLINE, HÉLÈNE, LOUISE, MÉLANIE, THÉRÈSE, CÉLINA, EUGÉNIE, ERNESTINE.

HÉLÈNE.

Mademoiselle Marie vient de nous donner l'ordre de nous rendre toutes dans cet appartement ; savez-vous, mes chères amies, ce que nous allons faire ?

LÉONTINE.

Je l'ignore : nous y étions par hasard, et nous allions nous retirer ; mais dans ce cas nous allons attendre.

MÉLANIE.

Sans doute que madame va venir.

CAROLINE.

Je le pense bien.

Scène 9.

Mme DELPHINE, MARIE, IRMA, LÉONTINE, CAROLINE, HÉLÈNE, LOUISE, MÉLANIE, THÉRÈSE, CÉLINA, EUGÉNIE, ERNESTINE.

Mme DELPHINE.

Mesdemoiselles, êtes-vous toutes ici? (*Elle regarde autour d'elle.*) Où est Adèle?

LOUISE.

Je ne le sais pas, madame.

MARIE.

Elle était dans la salle d'étude avec ces demoiselles; elle en est sortie depuis longtemps; je l'ai appelée de tous côtés, elle n'a rien répondu : je ne sais où elle est.

Mme DELPHINE.

Petite étourdie!..... (*Elle appelle.*) Denise!

Scène 10.

LES MÊMES, DENISE.

Mme DELPHINE.

Pourriez-vous me dire où est Adèle?

DENISE.

Oui, madame : elle est au fond du jardin ; elle joue avec le chat.

Mme DELPHINE.

Faites-la venir, Denise.

DENISE.

Oui, madame. (*Elle sort.*)

Mme DELPHINE.

Cette petite fille est étourdie et désobéissante ; si sa composition est mauvaise, je lui réserve un affront sanglant.

IRMA.

Elle est plutôt étourdie que désobéissante ; veuillez l'excuser madame, je vous en supplie.

Mme DELPHINE. (*En souriant.*)

Vous plaidez une mauvaise cause, petit avocat. (*A Adèle qui entre.*) D'où venez-vous, mademoiselle ?

ADÈLE.

Madame, j'avais oublié la cérémonie d'aujourd'hui, et j'étais au jardin.

Mme DELPHINE.

Cette réponse est digne de votre légèreté ; vous ne tenez guère à contenter vos parents, mademoiselle.

ADÈLE.

Madame, je serai plus sage.

Mme DELPHINE.

Dieu le veuille ! vous en avez besoin. Ah çà, mesdemoiselles, vous vous êtes préparées, je l'espère, à faire vos compositions ; je vous en ai donné le temps. Vous allez vous rendre à la salle d'étude avec mademoiselle Marie, et vous allez écrire. Soyez un peu séparées les unes des autres, et lorsque vos compositions seront faites, ne manquez pas de mettre vos noms au bas, chose indispensable, car la plupart de vos écritures se ressemblent; ensuite vous les remettrez à mademoiselle Marie. Je n'ai pas besoin, je pense, de vous recommander la plus grande attention : vous devez en sentir l'importance ; vous savez que la bonne duchesse de St-Ernest, vénéré à si juste titre dans tout le pays, voulant mettre ici sa petite demoiselle en pension, veut lui choisir parmi vous une compagne, une amie. Celle qui présentera la meilleure composition sur les charmes de l'amitié aura cet avantage, et en cette qualité elle ira passer les vacances dans le château délicieux que cette aimable dame possède dans les environs. Vos parents ont tous donné leur approbation à ce projet. Pensez un peu combien de pareilles vacances seront agréables, car on dit la jeune demoiselle charmante... Une chose dont je veux vous prévenir, c'est que madame la duchesse veut, à la rentrée, faire cadeau d'une belle montre à l'amie de sa fille. (*En souriant.*) Combien ce sera joli d'avoir une montre!... (*A Adèle, qui pendant une partie de la scène a joué avec les boucles de cheveux de Célina et d'Ernestine.*) Que faites-vous, Adèle?

DE L'AMITIÉ.

ADÈLE.

Je regardais les cheveux des petites, qui sont arrangés sans goût.

Mme DELPHINE.

Il n'y a rien à espérer de vous, mademoiselle, vous êtes incorrigible. Eh bien! je vous déclare que si votre composition est mauvaise, je ne veux plus de vous, et je vous renvoie à vos parents... Allez, mesdemoiselles; du silence surtout. Mademoiselle Marie, veuillez ne leur rien passer.

MARIE.

Oui, madame. (*Elles sortent.*)

Scène 11.

Mme DELPHINE, CÉLINA, EUGÉNIE, ERNESTINE.

Mme DELPHINE.

Quant à vous, mes enfants, soyez bien polies si madame la duchesse vous interroge. Ma chère Eugénie, modère un peu ta vivacité et ne fais pas d'étourderies, et vous, mes petites amies, ne soyez pas aussi timides; cette dame est bonne et indulgente.

ERNESTINE.

Pour moi, je n'oserai pas lui répondre.

CÉLINA.

Hélas! ni moi non plus.

Mme DELPHINE.

Ne craignez rien, mes enfants, et pour vous rassurer, dites-moi chacune votre petite fable. Commence, Ernestine.

ERNESTINE.

Une petite fille extrêmement jolie, mais dont l'humeur bizarre et capricieuse faisait le tourment de sa mère, se promenait un jour dans la campagne avec sa bonne. On était alors au mois de mai, et les beautés que la nature étalait à ses yeux lui causaient un plaisir qu'elle n'avait jamais éprouvé. Tantôt elle cueillait des fleurs odoriférantes dont elle composait de jolis bouquets; puis elle s'arrêtait sous un arbre touffu pour entendre le gazouillement des petits oiseaux; ensuite elle poursuivait un papillon aux ailes brillantes, qui disparaissait au moment où elle croyait le saisir. Sa bonne ne pouvait la retenir auprès d'elle, lorsque tout-à-coup elle arriva devant une pièce d'eau dont la surface claire et limpide invitait à s'y désaltérer. Je veux voir les petits poissons qui sont dans cette eau, dit-elle en se penchant pour les considérer. Vous regarderiez en vain, dit la bonne; cette pièce d'eau est une mare dans laquelle le poisson ne saurait vivre. La petite fille, pour lui donner un démenti, agita l'eau avec une baguette qu'elle tenait à la main; mais quelle fut sa surprise, lorsque, au lieu des petits poissons qu'elle s'attendait à voir jouer dans l'onde, elle ne vit s'élever à la surface qu'une boue épaisse et dégoûtante, et cette eau, quelques instants auparavant si claire et si limpide, ne parut plus alors qu'un marais infect. Voilà votre image, dit la sage gouvernante : vous êtes jolie lorsqu'on vous laisse tranquille ; mais à la moindre contradiction, vous devenez hideuse par la colère qui défigure vos traits. Or, comme le poisson ne peut vivre dans l'eau trouble, il sera impossible de vivre auprès de vous lorsque vous serez grande, et vous serez toujours seule. On dit que la petite fille, frappée de cette réflexion, fit sur elle-même de généreux efforts, se corrigea et devint en peu de temps douce, aimable et gracieuse.

Mme DELPHINE.

Cette petite fille fit très sagement, car la colère est un vice affreux, qui l'aurait rendue très malheureuse. J'espère bien, mes petites amies, que vous serez toujours douces et aimables et que vous ferez le bonheur de vos parents.

TOUTES LES TROIS.

Oh! oui, madame.

Mme DELPHINE.

Dis-nous la tienne, Célina.

CÉLINA.

L'Abeille et le Papillon.

Dans une prairie émaillée des plus jolies fleurs, un papillon brillant étalait au soleil ses ailes bigarrées, et paraissait tout fier de l'empressement que mettait une troupe d'enfants à le poursuivre en se récriant sur sa beauté. Joyeux d'échapper par sa légèreté aux petites mains tendues pour le saisir, il se reposait tantôt sur une fleur, tantôt sur une autre, mais si légèrement, qu'à peine pouvait-on arrêter sur lui un seul regard. Dans ses courses rapides, il jetait de temps en temps un œil de pitié sur une abeille qui, s'arrêtant longtemps sur chaque fleur, n'était pas même aperçue par la troupe folâtre, qui ne s'occupait que de lui. Qu'il vous faut de temps, à vous autres gens grossiers, pour remarquer une chose! lui dit-il. Depuis plusieurs minutes tu te reposes sur ce serpolet sauvage, comme si cette fleur était la seule digne de ton admiration, tandis que moi, pendant ce temps, j'ai respiré vingt fois la douce odeur de la violette, de l'églantine et de ces primevères qui ornent la prairie. Tu es heureuse que la délicatesse de mon corsage et les couleurs brillantes de mes ailes aient fixé l'attention de ces jolis enfants, sans cela tu serais déjà devenue leur proie. La laborieuse abeille, occupée à recueillir l'essence des fleurs pour en composer un miel doux et utile, ne répondit rien à l'insolent papillon; mais quelques mois après, elle fut bien vengée de ses propos indiscrets. Lorsque les premiers frimats couvrirent la terre, le papillon, sans nourriture et sans abri, périt misérablement, tandis que la diligente abeille, trouvant dans sa ruche un abri contre l'intempérie de la saison et une nourriture, attendit en paix le retour du printemps. La vanité peut bien quelquefois obtenir des succès éphémères, mais le bonheur durable n'est ordinairement accordé qu'à l'ordre et au travail.

Mme DELPHINE.

C'est très bien ! Profitez de cette morale, mes enfants; travaillez avec activité, et, comme l'abeille, vous recueillerez les fruits de votre travail dans un âge plus avancé; l'instruction, les talents seront pour vous ce que le miel fut pour elle, votre ressource et votre agrément.

A ton tour, ma petite Eugénie.

EUGÉNIE.

Dans la cour solitaire d'un antique château, quelques fleurs en pots offraient le plus triste aspect; privées des rayons du soleil par des arbres touffus qui les ombrageaient, dénuées de soins et de culture, elles penchaient tristement sur leur tige courbée et ne donnaient aucune odeur;

et les jolis arbustes, desséchés faute d'eau, perdaient leurs feuilles déjà jaunes au milieu de l'été, tandis que leurs fleurs si jolies, les roses, les grenades, les blanches fleurs de l'oranger, les fleurs roses du laurier périssaient en bouton. Un habile jardinier en eut pitié : il sarcla la terre autour, fit couler à leurs pieds une eau limoneuse, puis il les exposa aux rayons bienfaisants du soleil, et bientôt la verdure, les doux parfums et un air de vie charmèrent les regards et réjouirent tous les sens. Ces fleurs offrent l'image de l'enfant : abandonné à lui-même, il végèterait incapable de tout bien ; mais cultivé par une bonne éducation, il croîtra en sagesse, acquerra des talents, portera dans le monde la bonne odeur de ses vertus et réjouira le cœur de ses parents. O vous qui daignez encourager nos études en assistant à nos petits exercices ! recevez les témoignages de notre reconnaissance. Vos applaudissements sont pour nous les rayons d'un soleil bienfaisant ; ils nous soutiennent et nous animent à faire nos efforts pour les mériter ; et si quelque jour nous goûtons en paix les fruits d'une bonne éducation, nous vous devrons notre bonheur.

Mme DELPHINE.

C'est très bien, ma petite amie ; tu sens ce que tu dis. Allons, mes enfants, je suis contente de vous, et pour vous récompenser, je vous permets de jouer au jardin jusqu'à l'arrivée de madame la duchesse.

TOUTES.

Je vous remercie, madame. (*Elles sortent.*)

Mme DELPHINE. (*Seule.*)

Je pense que les compositions sont faites; il faut que j'aille rejoindre mademoiselle Marie, pour les examiner. Combien je me trouverai heureuse si cette circonstance réveille un peu d'émulation parmi ces enfants! (*Elle sort d'un côté, Léontine rentre de l'autre.*)

Scène 12.

LÉONTINE. (*Seule.*)

Madame la duchesse ne peut tarder beaucoup; que je serai contente si mon petit stratagème peut réussir! La pauvre Irma était si découragée, si troublée, qu'elle ne s'en est pas aperçue, et j'ai pu lui glisser adroitement ma composition et prendre la sienne... Je ne sais, mais il me semble que cette fois je n'avais pas mal fait; les idées me venaient en foule, et les phrases s'arrangeaient d'elles-mêmes sous ma plume; or, toutes les fois que je me sens cette facilité, cela va toujours bien... Mais la composition d'Irma, comment sera-t-elle? Je n'ai pu qu'y jeter un coup d'œil rapide, et il m'a semblé y voir bien des fautes... Je vais sans doute être vertement grondée... Au moins est-il certain que je n'aurai pas une bonne place, et que je passerai mes vacances chez mes parents... Eh, mon Dieu! pourquoi tant de réflexions? Quand on veut obliger, faut-il faire tant de retours sur soi-même... Je suis heureuse auprès de maman, et ma pauvre amie est très malheureuse chez sa tante. Ah! si j'ai pu améliorer son sort, je ne veux rien de plus.

Scène 13.

LÉONTINE, IRMA.

IRMA.

Tu es seule, ma Léontine? que je me trouve heureuse d'être un moment avec toi! Hélas! demain nous serons sans doute bien éloignées l'une de l'autre.

LÉONTINE.

Ne t'attriste pas, ma bonne; les vacances passeront vite, et bientôt nous serons de nouveau réunies... D'ailleurs, tu vas peut-être aller auprès de la charmante petite duchesse.

IRMA.

Oh! non, ma Léontine; je vais retourner près de ma tante, qui me grondera bien fort, en me reprochant les sacrifices qu'elle fait pour moi, et dont mon incapacité m'empêche de profiter... Que je m'effraie de ses reproches!

Scène 14.
LÉONTINE, IRMA, ADÈLE.

ADÈLE.

Vous êtes bien tranquilles ici, à discourir à votre aise, tandis que toute la maison est en rumeur... Madame la duchesse vient d'arriver.

IRMA.

Elle est arrivée? hélas!

ADÈLE.

Si vous voyiez comme sa voiture est belle, comme ses chevaux sont fringants! Ah! que j'aimerais à me promener dans une pareille voiture!

LÉONTINE.

Peut-être auras-tu cet avantage, si ta composition est bonne.

ADÈLE. (*Riant.*)

Que j'aurais de bonheur! et combien ce serait drôle! J'ai pensé à tout autre chose qu'au sujet de ma composition en écrivant.

LÉONTINE.

A quoi pensais-tu donc?

ADÈLE.

Je pensais à une petite niche que je veux faire à Caroline.

LÉONTINE.

Tu es vraiment heureuse d'avoir si peu de soucis; je voudrais...

Scène 15.

MARIE, TOUTES LES PENSIONNAIRES.

MARIE.

Mesdemoiselles, rangez-vous près les unes des autres : madame la duchesse va entrer, du silence ; tenez-vous droites.

ERNESTINE.

Mademoiselle, je ne voudrais pas rester.

MARIE.

Allons donc ! vous badinez.

Scène 16.

Mme LA DUCHESSE, SOPHIE, Mme DELPHINE, MARIE, TOUTES LES PENSIONNAIRES.

LA DUCHESSE.

Bonjour, mes petites demoiselles ; je suis enchantée de vous voir, car je suis persuadée que vous contentez bien vos bonnes maîtresses. Voilà ma petite Sophie qui brûle du désir de s'animer par vos bons exemples à devenir sage et instruite.

Mme DELPHINE.

Je suis sûre que ces demoiselles auront plus à profiter dans la société de mademoiselle Sophie, qu'elle dans la leur.

LA DUCHESSE.

Ne vous flattez pas, madame : Sophie est peu

avancée, et ne manque pas de petits défauts. Sa faible santé et ma trop grande indulgence ont été cause que son éducation est bien en arrière de celle des autres enfants de son âge, et c'est ce qui m'a décidée à m'en séparer. Je vous la confie entièrement, madame; soyez sa mère. J'espère que votre vigilance et vos soins répareront le passé; car, du reste, elle a un bon caractère. Eh bien! ma fille, tu vas être bien contente d'avoir d'aussi aimables compagnes?

SOPHIE.

Oh! oui, ma chère maman.

Mme DELPHINE.

Il en coûtera certainement beaucoup à mademoiselle de se séparer de vous, madame; mais nous ferons notre possible pour la désennuyer.

LA DUCHESSE.

Sophie doit sentir, à son âge, la nécessité de s'instruire et l'avantage qu'elle trouvera dans cette maison, où elle sera animée, je l'espère, d'une louable émulation. Le bonheur de notre avenir dépend absolument de l'emploi que nous faisons de notre jeunesse, et mérite bien quelque sacrifice. Le sens-tu, ma Sophie?

SOPHIE.

Oui, ma chère maman; vous serez contente.

LA DUCHESSE.

Je l'espère, ma chère enfant, et je suis disposée à faire tout mon possible pour t'encourager dans la carrière des études. Mais il te tarde, j'en suis sûre, de connaître la compagne aimable qui veut bien venir passer les vacances auprès de toi. Voudriez-vous, madame, être assez bonne pour la désigner?

Mme DELPHINE.

Peut-être que dans toutes ces demoiselles, il y en a une qui plaît mieux à mademoiselle Sophie que les autres?

SOPHIE.

Ces demoiselles sont toutes charmantes, madame; celle que vous voudrez bien nommer....

Mme DELPHINE.

En ce cas, ma petite amie, ce sera celle qui aura mérité cette faveur par son travail, et, comme nous en étions convenues, les compositions vont décider.

LÉONTINE. (*A part.*)

Je tremble.

Mme DELPHINE. (*Elle prend sa liste et lit à haute voix.*)

Première, mademoiselle Irma.

IRMA. (*Avec une exclamation de surprise.*)
Moi, madame? Quel bonheur!

LÉONTINE. (*A part.*)
Que je suis heureuse!

Mme DELPHIDE. (*Prenant Irma par la main et la présentant à la duchesse.*)

Madame, j'ai d'autant plus de plaisir à vous présenter cette jeune personne, que j'en suis très contente sous tous les rapports; elle ne doit réellement cet honneur qu'à un excès de travail.

LA DUCHESSE.

Embrassez-moi, ma chère amie; je serai enchantée de vous avoir auprès de moi pendant les vacances; et je vous procurerai toutes les distractions les plus agréables pour vous reposer.

SOPHIE.

Combien je vais vous aimer, ma chère amie! tous mes efforts vont tendre à vous imiter.

IRMA.

Je ferai mon possible, mademoiselle, pour me rendre digne de vos bontés.

LA DUCHESSE.

Voudriez-vous, madame, me faire connaître les places des autres élèves? je destine quelques récompenses aux plus studieuses.

Mme DELPHINE.

Bien volontiers, madame : votre approbation sera pour celles qui ont travaillé un noble encouragement, tandis que la honte d'être nommées les dernières punira justement les paresseuses. (*Elle lit.*) Seconde, mademoiselle

Caroline; troisième, mademoiselle Louise; quatrième, mademoiselle Mélanie; cinquième, mademoiselle Thérèse; sixième, mademoiselle Léontine; septième, mademoiselle Hélène; huitième enfin, mademoiselle Adèle, qui est à sa quatrième année de pension, et qui a une facilité et une mémoire étonnantes. Ce que j'avais prévu est arrivé, mademoiselle : vous avez fait votre devoir à la hâte et en pensant à vos enfantillages; rien n'est capable de vaincre votre paresse. Hé bien, vous savez la punition que vous avez encourue; préparez-vous à retourner auprès de vos parents.

IRMA. (*Avec agitation.*)

Madame, pardonnez-moi, il est impossible que Léontine ait une aussi mauvaise place, et moi une aussi bonne; elle est avancée, elle travaille beaucoup, tandis que moi, je suis si faible.... Elle aura mis sa composition à la place de la mienne.

LÉONTINE.

Que dis-tu, Irma?

Mme DELPHINE.

Comment, ma petite! expliquez-vous.

IRMA.

Madame, j'étais si tourmentée, si troublée, en faisant ma composition qu'il est presque impossible qu'elle soit bien faite; ma bonne Léontine n'était pas très éloignée de moi, elle aura profité de mon trouble pour mettre sa composition à la place de la mienne sans que je le visse, et je ne m'en serai pas même aperçue en y mettant mon nom.

LÉONTINE.

Pourquoi crois-tu, ma chère Irma?...

Mme DELPHINE.

Léontine, vous ne mentez pas; dites-moi la vérité.

LÉONTINE. (*D'un air embarrassé.*)

Madame......

LA DUCHESSE.

Venez auprès de moi, ma petite amie, et soyez bien franche. Pourquoi avez-vous donné votre composition à votre amie? vous souciez-vous peu de la société et de l'amitié de ma fille?

LÉONTINE.

Ah! madame! pouvez-vous le croire? je suis bien éloignée de penser ainsi, je vous assure.

LA DUCHESSE.

J'entends, c'est que vous étiez bien aise de passer les vacances auprès de vos chers parents?

LÉONTINE.

J'aime sans doute beaucoup mes parents, madame; néanmoins j'aurais été très flattée de passer mes vacances auprès de mademoiselle Sophie.

LA DUCHESSE.

Quel a donc été votre motif? parlez sans crainte, ma petite amie.

LÉONTINE.

Puisque vous me l'ordonnez, madame, je vais vous le dire : Irma est plus aimable que moi, plus studieuse, je ne dois vraiment ma supériorité sur elle qu'à mon ancienneté à la pension ; ainsi, elle mérite mieux que moi d'être récompensée ; d'ailleurs je suis très heureuse chez mes parents, tandis qu'elle demeure chez une tante qu'elle craint beaucoup, et ses vacances ne sont.....

LA DUCHESSE.

Je vous comprends, ma bonne petite : vous avez sacrifié votre goût à son plaisir ; vous êtes une vraie amie ! il serait dommage de vous séparer de mademoiselle Irma ; vous viendrez toutes deux avec moi, et je vous prie de mettre ma Sophie en tiers dans votre amitié.

LÉONTINE ET IRMA.

Ah ! madame ! que vous nous rendez heureuses !

SOPHIE.

Ma chère maman, que vous êtes bonne ! ah ! je vous promets que je vais faire tous mes efforts pour ressembler à ces charmantes demoiselles.

LA DUCHESSE.

Oui, ma fille, et je serai une heureuse mère. Je vous félicite, madame, de former de tels cœurs, et je m'applaudis d'avoir choisi votre estimable maison pour l'éducation de ma fille. Je regrette que le temps ne me permette pas d'interroger toutes vos aimables élèves, je suis sûre qu'elles me procureraient la plus douce satisfaction; mais je les invite toutes à venir passer au château le premier jeudi après la rentrée. Actuellement il ne faut pas retarder l'instant heureux qui doit les réunir à leurs mamans. Je vous prie donc, madame, de les amener toutes; je leur procurerai tous les plaisirs de leur âge, et le soir à leur retour, mes trois petites amies les accompagneront.

TOUTES LES PENSIONNAIRES.

Ah! madame, quel bonheur!

LA DUCHESSE.

Madame, ce jour doit être un jour de joie sans mélange; pardonnez donc à la coupable Adèle; chargez-vous d'elle encore cette année, j'espère qu'elle vous dédommagera des chagrins qu'elle vous a donnés.

ADÈLE. (*D'un air suppliant.*)

Oh! oui, madame, je vous le promets.

Mme DELPHINE.

Vous seriez bien coupable, s'il en était autrement; je n'ai rien à refuser à madame la duchesse qui veut bien s'intéresser à vous ; mais concevez à quoi une pareil faveur vous engage.

ADÈLE.

Oh! oui, madame, je serai reconnaissante ; vous serez contente de moi.

Mme LA DUCHESSE.

Mes petites amies, j'ai fait apporter une petite collation ; si votre digne maîtresse veut le permettre, on va nous la servir au jardin.

Mme DELPHINE.

Vous les accablez de vos bontés, madame. Allons, mes enfants, passez au jardin ; amusez-vous, et soyez raisonnables jusque dans vos jeux.

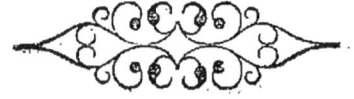

RUTH ET NOÉMI.

PERSONNAGES.

NOÉMI, veuve d'Elimeleck.
RUTH, sa belle-fille.
ISMÈNE,
SARAI, } amies de Noémi.
ESTHER,
SÉPHORA,
MARIE, } filles d'Esther.
ÉLISE,
SALOMITH, } filles de Booz.
LIA, femme de la maison de Booz.

RUTH ET NOÉMI.

Scène 1.

NOÉMI, ISMÈNE.

ISMÈNE.

Est-ce bien vous que je revois, ô Noémi? pendant dix ans privée de votre douce présence, je ne puis en croire mes yeux, et je crains d'être dans l'illusion d'un songe.

NOÉMI.

Votre doute ne peut me surprendre, chère Ismène : l'absence m'a bien changée ; les cheveux blanchissent vite sur une terre étrangère.

ISMÈNE.

Eh bien ! vous voilà au milieu de vos amis et de vos concitoyens, qui savent apprécier le bonheur de vous posséder ; les grâces de la jeunesse viendront de nouveau briller sur votre visage.

NOÉMI.

Non, Ismène : le temps du bonheur est passé pour moi. Je ne suis plus Noémi ; ce mot veut dire belle : nommez-moi *Mara*, qui veut dire amère ; car ma vie est désormais abreuvée d'amertume.

ISMÈNE.

Vous allez retrouver sur la terre bénie d'Israël le calme et le bonheur ; le doux sourire de la gaîté viendra de nouveau animer vos traits jadis si gracieux ; vous serez encore la consolation des affligés, le conseil des jeunes femmes, la protectrice des petits enfants, l'appui des malheureux.

NOÉMI.

Eh ! que puis-je actuellement ? Il n'est plus le temps où la rosée du ciel, tombant sur mes riches héritages, fécondait les travaux de mon époux, de mes enfants, et me donnait la facilité de secourir le pauvre. Vous le savez, Ismène, j'ai perdu la plus grande partie de mes biens avant mon départ ; le peu qui me reste ne peut suffire à ma subsistance ; d'ailleurs mes bras affaiblis par le chagrin ne peuvent cultiver la terre, et loin de pouvoir aider les malheureux, peut-être serai-je réduite à implorer l'assistance du riche. Quel avenir, grand Dieu ! non, pour moi, Ismène ; dans peu, je l'espère, j'irai rejoindre mon cher Elimeleck et mes enfants : mais cette fille chérie, cet ange de douceur, que deviendra-t-elle, étrangère et pauvre ! O mon Dieu ! quelle récompense pour sa piété filiale et son amour !

ISMÈNE.

Ne vous affligez pas, Noémi ; celle qui fut si longtemps la providence des affligés ne demeurera pas elle-même sans assistance. Mais quelle est cette fille chérie dont vous venez de parler?

NOÉMI.

Dieu, dans sa miséricorde, ne m'a pas laissée absolument sans consolation dans mon malheur, chère Ismène. Mes deux fils, peu de temps avant leur mort, avaient contracté des alliances sur les terres de Moab, et leurs épouses ont été pour moi des filles tendres et soumises. L'une d'elle, la veuve de Mahalon, ne m'a point abandonnée dans ma détresse ; elle a quitté pour me suivre, son père, sa mère, ses frères et ses sœurs, le bonheur dont elle aurait pu jouir dans sa famille; et je n'ai à lui offrir en retour que la plus affreuse indigence. O ma chère Ismène! cette pensée me navre le cœur.

ISMÈNE.

Soyez sans inquiétude, Noémi ; Dieu versera sur elle ses plus abondantes bénédictions, car il a dit : Honore ton père et ta mère, afin que tu vives heureux sur la terre.

NOÉMI.

Oui, chère Ismène, je rougis de mon peu de confiance ; Dieu est notre père : il châtie, puis il console.... Mais j'entends ma fille ; mon Dieu faites qu'elle soit heureuse !

Scène 2.

NOÉMI, RUTH, ISMÈNE.

NOÉMI. (*A Ruth qui entre.*)

Approche, chère enfant, soutien de ta mère, toi qui sais répandre tant de charmes sur mes vieux ans ; viens voir une amie que le ciel m'a conservée, et que je retrouve, après dix ans d'absence, plus tendre que jamais.

RUTH.

Soyez bénie, ô vous qui aimez ma mère ! veuillez étendre votre affection sur une Moabite, et ne lui refusez pas une place dans votre amitié.

ISMÈNE.

Que le Dieu d'Abraham, d'Isaac et de Jacob vous comble de ses faveurs, ô jeune étrangère ! votre piété filiale vous donne place parmi le peuple choisi ; ayez part aux bénédictions que Dieu répand sur ceux qui sont à lui ! Que par vous notre bonne Noémi voie luire encore les beaux jours de sa jeunesse dans sa patrie, qui est la vôtre !

RUTH.

Que Dieu vous exauce, et qu'il fasse le bonheur de ma mère !

NOÉMI.

Chère enfant, tes soins et ton amour ont adouci mes regrets amers, mes chagrins cuisants, et j'ai pu, au comble de l'infortune, goûter de douces émotions qui feraient les délices des rois !

RUTH.

Ma bonne mère !

ISMÈNE.

Oui, le vrai bonheur n'existe que dans la vertu, et le juste le trouve au milieu de la peine la plus accablante ; au lieu que le remords vengeur tourmente souvent, au milieu des jouissances du luxe et de l'opulence, l'impie qui a méconnu ses devoirs !... Mais le soleil déjà élevé sur l'horizon m'appelle aux champs. Adieu, chères amies : permettez-moi de m'honorer de ce titre, et disposez de tout ce qui m'appartient.

NOÉMI.

Je vous suis, généreuse Ismène ! dans un instant, ma fille, je serai près de toi ; attends ici. (*Elle sort.*)

RUTH.

Oui, ma mère. (*Seule.*) Hélas ! le soleil, en s'élevant majestueusement sur l'horizon, invite les hommes à se répandre dans la campagne pour recueillir les dons que la main libérale du Créateur a répandus sur la terre. Dans cet instant mon père, mes frères et leurs nombreux serviteurs coupent en chantant leurs épis dorés, et se réjouissent de l'abondance dont ils vont jouir cette année ; ils contemplent en souriant les arbres chargés de fruits et la vigne qui leur promet déjà une abondante récolte ; pendant ce temps ma mère et mes sœurs apprêtent le doux repas que, dans le milieu du jour, ils prendront tous ensemble. Et moi !..... pauvre, délaissée, étrangère, je n'ose qu'en tremblant envisager le jour de demain, ignorant si la faim ne me fera pas sentir sa cruelle atteinte !.... Riches plaines de Moab, je vous ai donc abandonnées pour toujours !...... Hélas ! j'y étais si heureuse !...... Eh ! que me fait la fertilité des terres d'Israël, si je n'y reçois que le pain que la charité arrache à l'opulence..... Mais, ô Noémi ! ô ma mère ! qu'aurais-tu fait sans moi ? Seule, délaissée, tu serais morte de chagrin sans qu'une main amie fermât tes paupières ! sans que la piété filiale adoucît tes derniers moments !....... La piété filiale !..... mais ne me retenait-elle pas auprès de ceux qui m'ont donné le jour ? N'aurais-je pas dû, en imitant Orpha, retourner dans ma famille, recevoir la bénédiction de mon père et le doux baiser que ma mère avait coutume de déposer chaque matin sur mon front ?..... Mais, non. Ils peuvent être heureux loin de Ruth qu'ils ont oubliée peut-être, tandis que Noémi est seule, et n'a absolument que moi !..... Cependant Orpha est heureuse actuellement, elle est près de sa mère, et si parfois le souvenir de Noémi et de Ruth arrache une larme à ses paupières, les caresses maternelles l'ont bientôt essuyée..... Elle est heureuse. Oh! que dis-je? ensevelie dans les ténèbres de l'erreur, elle adore encore l'impie Molock, tandis qu'éclairée des lumières de la foi, j'ai le bonheur de connaître le Dieu d'Israël, le Dieu tout-puissant créateur de l'univers, le Dieu bienfaisant dont la providence paternelle ne me délaissera jamais puisque j'ai le bonheur d'être à lui !..... O vérité suprême! peut-on acheter trop cher le bonheur de vous connaître !..... Fuyez de mon souvenir, années de ma jeunesse, où, entourée de plaisirs et de toutes les jouissances de la vie, j'étais esclave de l'erreur! Pauvreté, abandon, délaissement, je vous embrasse avec joie, en pensant que je souffre pour mon Dieu et ma mère !

Scène 3.

NOÉMI, RUTH.

NOÉMI.

Tu le vois, ô ma fille! l'absence et la pauvreté ne m'ont pas fermé le cœur; et la charité qui règne entre les enfants d'un même père ne nous laissera pas sans ressources. Hélas! il fut un temps où l'une de mes plus douces jouissances était de voir la veuve et l'orphelin recueillir les fruits laissés à dessein dans nos champs! Et aujourd'hui!..... Mais de quoi me plaindrai-je? n'ai-je pas une fille tendre qui doit me tenir lieu de tout? O ma Ruth! ce n'est pas pour moi que je regrette mon ancienne opulence; mais tu as tout sacrifié pour me suivre, et qu'ai-je à t'offrir?

RUTH.

Vous m'avez donné, ô ma mère! un trésor sans prix, puisque vous m'avez fait connaître le Dieu bienfaisant de qui nous tenons l'être, et qui saura bien, dans une vie meilleure, payer libéralement notre soumission à ses adorables volontés. Une telle espérance est bien capable de nous soutenir et d'adoucir les peines de cette vie.

NOÉMI.

Oui, ma Ruth, tu as raison. Ta douce voix porte, comme à l'ordinaire, le calme dans mon âme; nous vivrons heureuses, l'une près de l'autre, sous l'aile de la providence paternelle de notre Dieu.

RUTH.

Ma mère, tandis que les moissonneurs, répandus dans les champs, lient en gerbes leurs nombreux épis, les pauvres recueillent avec soin ce qu'ils laissent tomber. Permettez-moi de les suivre ; ce que j'apporterai chaque jour, soigneusement conservé, sera notre ressource lorsque les frimas couvriront la terre.

NOÉMI.

Que me demandes-tu, ma fille? pourras-tu, sans être trop humiliée, te trouver mêlée et confondue avec les pauvres, toi qui a passé ta jeunesse dans le luxe et l'abondance? et d'ailleurs un tel travail n'est-il pas au-dessus de tes forces?

RUTH.

Non, ma mère : quoique mes parents soient riches, ils ne m'ont pas élevée dans l'oisiveté : je ne craindrai rien, et ce travail me procurera même une distraction agréable.

NOÉMI.

Pauvre enfant! si jeune, si timide!..... Ah! si du moins mes forces me permettaient de t'accompagner!

RUTH.

Ne craigez rien, ma mère ; je saurai surmonter ma timidité, en pensant à l'aisance que je pourrai vous procurer pour cet hiver.

NOÉMI.

Eh bien donc, mon enfant, suis les mouvements de ton cœur généreux, et que le Dieu tout-puissant qui t'inspire te fasse trouver des cœurs disposés à t'assister!... Mais atteuds encore, dans un instant je suis à toi. (*Elle sort.*)

RUTH. (*Seule.*)

Dieu tout-puissant, qu'ai-je fait? et à quoi me suis-je engagée? Oserai-je me mêler parmi les glaneuses, et ne repousseront-elles pas une étrangère?... Le désir de secourir ma mère m'a peut-être emportée trop loin..... Mon cœur bat avec violence;..... je sens que mes forces m'abandonnent!... jamais, non jamais je ne pourrai tenir la promesse que je viens de faire, et ma pauvre mère, après avoir été flattée d'un vain espoir, se retrouvera seule... avec sa misère!... O mon Dieu! aidez-moi. (*Après un moment de silence.*) Mais pourquoi ne ferai-je pas ce que les autres ont fait, puisque je suis dans le même besoin?... Tous n'ont pas une mère à consoler et à nourrir... Mon Dieu, à cette pensée je sens renaître tout mon courage, et il me tarde de partir!

Scène 4.

NOÉMI, RUTH.

NOÉMI. (*Tenant à la main un petit panier.*)

Tiens, ma fille, emporte ces petites provisions pour le repas que tu dois faire vers le milieu du jour. Va, et que le Seigneur t'accompagne; qu'il ouvre les cœurs à des sentiments généreux et bienveillants à ton égard! qu'il accomplisse en toi les promesses qu'il a faites à ceux qui honorent leurs mères!

RUTH.

Soyez heureuse, ma bonne mère, et je serai assez récompensée. (*Elle sort.*)

NOÉMI. (*Seule.*)

Chère enfant! combien il va lui en coûter pour remplir la tâche que son bon cœur lui a imposée!... J'aurais dû l'en empêcher... Pauvre Ruth!..... je ne serai tranquille que lorsqu'elle sera de retour..... Oh! pourquoi ma faiblesse m'empêche-t-elle de la suivre!

Scène 5.

NOÉMI, SARAI.

SARAÏ.

Enfin je vous revois, ô ma bonne Noémi! vous mon ancienne amie, dont les exemples touchants et les bons conseils me furent autrefois si nécessaires. Ah! que j'ai senti douloureusement votre absence! le bonheur avait fui avec vous; mais, Dieu soit loué! vous voilà de retour, et toutes les peines de l'exil sont oubliées.

NOÉMI.

Soyez bénie, chère Saraï, de n'avoir pas oublié la pauvre Noémi pendant sa longue absence.

SARAÏ.

Vous oublier, grand Dieu ! eh ! l'aurais-je pu, tandis qu'à tous les instants je sentais le besoin de vous ouvrir mon cœur et de chercher des consolations dans votre douce piété? car Dieu, ô Noémi, a oublié ses antiques promesses, et l'oppression, la misère, les vexations de toute espèce ont été le partage du peuple choisi.

NOÉMI.

Dieu n'oublie point ses promesses, ô Saraï; l'alliance qu'il a jurée à son peuple est éternelle. Mais, père miséricordieux même dans ses châtiments, il oblige, par les revers dont il les accable, ses enfants ingrats et prévaricateurs à revenir à lui. Vous avez vu, ô Saraï, les descendants du fidèle Abraham prostituer leur encens et leurs adorations aux vains simulacres des nations. Alors le Seigneur, justement irrité, a déployé son bras vengeur, et ces mêmes nations, revêtues de sa force, sont devenues les instruments de ses vengeances et ont tenu ses enfants dans l'oppression. Mais à peine son peuple a-t-il levé vers lui ses mains suppliantes, qu'il a brisé le joug qui le tenait dans les fers; et la liberté, l'abondance, le bonheur sont devenus, comme autrefois, le partage des heureux descendants de Jacob. Ah ! puisse notre nation, instruite par ces grands exemples, imiter ses ancêtres et mériter, par une fidélité semblable à la leur, cette protection divine qui les a constamment soutenus !

SARAÏ.

Vous me faites rougir de mes murmures passés, ô Noémi ! Hélas ! que n'avez-vous été toujours auprès de moi ! vous m'auriez aidée à sanctifier mes maux, et à les convertir en véritables biens. Aussi combien de fois me suis-je reproché de ne vous avoir pas accompagnée dans votre fuite !

NOÉMI.

Croyez-moi, Saraï, quels que soient les malheurs qui nous frappent dans notre patrie, ils sont plus supportables que ceux de l'exil. Hélas! que serais-je devenue, moi, malheureuse veuve, mère affligée, si le Seigneur ne m'eût donné, dans la veuve d'un de mes fils, une fille affectionnée qui me tient lieu de tout ?

SARAI.

La réputation de cette jeune étrangère s'est déjà répandue sur les terres d'Israël ; je brûle du désir de la connaître : je croyais la trouver près de vous.

NOÉMI.

Plus occupée de mon bonheur que du sien propre, la pauvre enfant a surmonté sa timidité,

pour chercher à me procurer, en glanant, un pain que ma faiblesse m'empêche de gagner.

SARAI.

Sa vertu ne sera pas sans récompense, ô Noémi! le Seigneur..... Mais qui vient?.....

Scène 6.

NOÉMI, SARAI, ESTHER, SÉPHORA, MARIE.

ESTHER.

O ma chère Noémi! le ciel vous a donc rendu à nos vœux! quel bonheur pour moi de vous revoir et de vous présenter ces deux enfants! Voici ma Séphora, que vous avez tenue dans vos bras avant votre départ; l'autre est née pendant votre absence.

NOÉMI.

Que Dieu vous bénisse, chers enfants! puissiez-vous ressembler à votre mère!

ESTHER.

A vous, Noémi, et leur mère sera heureuse.

NOÉMI.

Que la grâce du Seigneur repose sur vous! puissiez-vous couler des jours heureux dans l'innocence!

SÉPHORA.

Animés par vos conseils et vos exemples, respectable Noémi, nous essaierons de marcher sur vos traces ; quoique bien jeunes encore, nous saurons apprécier vos vertus, que notre bonne mère nous a fait connaître.

NOÉMI.

Chères enfants ! (*A Esther.*) Hélas ! au lieu de les entretenir de votre pauvre amie, il fallait leur parler de la grandeur de Dieu et des prodiges de sa toute-puissante bonté en faveur de nos pères.

ESTHER.

Je ne l'ai pas oublié, Noémi ; j'ai orné leur mémoire des principaux traits de l'histoire du peuple choisi. Raconte-nous, ma petite Séphora, le sacrifice de notre père Abraham.

SÉPHORA.

Le soleil dorait de ses premiers feux les hautes montagnes de Chanaan ; les petits oiseaux célébraient par leur chant joyeux le lever de l'astre du jour, tandis que les troupeaux, accompagnés de leurs fidèles gardiens, se répandaient dans la plaine et donnaient à toute la nature un air de vie et de gaîté. Insensible aux beautés répandues autour de lui, le fidèle Abraham montait silencieusement la montagne de Nébo, accompagné de son fils unique. La plus vive douleur est empreinte sur son visage vénérable : son triste regard se porte tantôt au ciel, et semble demander l'assistance du Très-Haut ; tantôt sur son fils, et ses yeux se remplissent de larmes. Que lui est-il donc arrivé, riche, considéré, heureux époux, heureux père? Heureux père? oui, hier encore les vertus de son fils inondaient son cœur d'un torrent de délices, et actuellement elles le rendent le plus malheureux des mortels! Le Tout-Puissant vient de lui intimer l'ordre de sacrifier ce cher fils à sa gloire ; et triste, abattu, mais résigné, le fidèle Abraham se dispose à obéir. Isaac ignore le sort qui l'attend; il porte le bois qui doit le consumer, en se réjouissant d'être associé à l'honneur d'offrir un sacrifice à son Créateur. Enfin, ils ont atteint le sommet de la montagne ; le bûcher est dressé, et Isaac étonné se retourne vers son père et lui dit : Mon père, voilà le bois et le feu, où est donc la victime? A cette demande Abraham est consterné; il lève les yeux au ciel, il hésite, il tremble, et enfin il apprend à son fils l'ordre qu'il a reçu. Consolez-vous, mon père, répond le magnanime jeune homme ; la mort me sera douce, puisque en mourant, j'accomplirai la volonté de mon Dieu, et que j'attirerai par là, sur votre tête, les bénédictions du ciel. Oh! je vous en conjure, frappez, n'hésitez pas! Et déjà, victime docile, il est à genoux sur le bûcher, prêt à recevoir le coup fatal. O Abraham! ô notre père! quelle épreuve pour votre foi! pourrez-vous la soutenir?... Oui, et sa foi sera victorieuse. Etouffant ses sanglots près d'éclater, et se refusant la triste satisfaction de donner un dernier baiser qui pourrait l'amollir, Abraham prend le couteau sacré, et, détournant les yeux, il lève le bras, quand tout-à-coup il se sent arrêté. Il se retourne, et aperçoit un ange resplendissant de lumière qui lui dit ces consolantes paroles: Dieu est content de votre soumission et de votre foi, ô Abraham! il vous rend votre fils. Qu'il vive; qu'il soit le soutien de votre vieillesse, et qu'une nombreuse postérité soit la récompense de sa docilité et de votre foi!

NOÉMI.

C'est bien, très bien, ma chère enfant. Dieu, je l'espère, te donnera aussi un cœur docile, et répandra sur toi ses plus abondantes bénédictions. Et toi, ma petite amie, lorsque tu seras plus grande, tu raconteras aussi les merveilles de Dieu en faveur de son peuple; ta pieuse mère t'a déjà appris à bégayer son saint nom. Tu seras sage, n'est-ce pas?

MARIE.

Oh! oui, Noémi, je vous le promets.

NOÉMI.

Je vous remercie, chère Esther, du plaisir que vous m'avez procuré par la visite de ces charmantes petites filles; il me semble vous voir lorsque vous étiez à leur âge.

Scène 7.

NOÉMI, SARAI, ESTHER, SÉPHORA, MARIE, LIA.

LIA. (*En entrant.*)

Heureuse Noémi !

NOÉMI.

Que dites-vous, Lia ? Expliquez-vous.

LIA.

Que le ciel soit béni des faveurs dont il vous comble !

NOÉMI.

Mais, de grâce, que voulez-vous dire ?

SARAI.

Parlez, Lia, ne nons tenez pas plus longtemps en suspens.

LIA.

Je ne puis me remettre ; dans le transport de ma joie, j'ai couru avec vitesse, voulant être la première qui instruisît notre chère Noémi de son bonheur.

NOÉMI.

Enfin, expliquez-vous : où est ma Ruth ?

LIA.

Ruth sera votre gloire, comme elle a été votre consolation.

ESTHER.

Ma chère Lia, parlez ouvertement ; vos délais nous font mourir d'impatience.

LIA.

Déjà depuis deux heures au moins une foule de glaneuses se disputaient les épis laissés derrière les moissonneurs, dans le champ du riche et vertueux Booz, quand parut votre fille chérie. Trop timide pour s'approcher, elle les suivait de loin, ramassant çà et là ce qui avait échappé aux autres. Son embarras, sa démarche modeste, son regard doux et timide, son air décent, prévenaient en sa faveur, et faisaient bien voir qu'elle n'était pas accoutumée à glaner. Notre bon maître, le vénérable Booz, touché de l'embarras de la pauvre enfant, la fait approcher, l'encourage à lui parler sans crainte, veut savoir son nom, son pays, sa famille, et apprend avec étonnement qu'il a devant les yeux la jeune Moabite qui a tout quitté pour sa mère, et dont les vertus ont fait tant d'impression sur tout le peuple d'Israël. Déjà ce trait touchant de piété filiale était parvenu à ses oreilles, et l'avait intéressé vivement en faveur de celle qui en avait été capable; il désirait la connaître pour la combler de bienfaits: combien donc cet intérêt est plus vif encore lorsqu'il apprend que cette femme vertueuse est sa proche parente, la belle-fille d'Elimeleck, son ami, et de Noémi, dont il n'a cessé de regretter l'absence! Cette nouvelle le comble de joie : fidèle observateur de la loi de Moïse, qui lui prescrit alors de faire revivre un nom révéré, il offre à votre digne fille le titre de son épouse, l'assurant que l'opulence et les honneurs qui l'attendent en cette qualité, se répandront sur Noémi. A ce nom chéri, la jeune femme tremblante laisse échapper un doux sourire qui montre que le bonheur de sa mère lui est plus cher que le sien propre. Dans un instant vous allez la voir ; elle est actuellement entourée des filles de Booz, qui l'accablent de caresses en bénissant Dieu de leur avoir envoyé un pareil trésor.

SARAI.

Oh! qu'il soit à jamais béni, le Dieu d'Israël, le Dieu de nos pères, de ce qu'il a jeté un regard de miséricorde sur l'humble qui se confiait en lui. O ma bonne Noémi ! je ne sais comment vous exprimer ma joie ! Mais quoi ! vous gardez le silence ?

NOÉMI.

Mon bonheur est si grand que j'en suis accablée, ma chère Saraï ! est-ce un songe, ô mon Dieu ? est-ce une réalité ? O ma fille bien-aimée, tu seras donc heureuse !

ESTHER.

Bonne Noémi! vous êtes une heureuse mère ! le respectable Booz, l'appui des malheureux, la terreur du méchant, l'honneur de notre patrie, Booz sera votre fils !

Scène 8.

NOÉMI, SARAI, ESTHER, SÉPHORA, MARIE, LIA, RUTH, ELISE, SALOMITH.

RUTH. (*Entrant avec précipitation.*)
O ma mère !

NOÉMI.
O ma Ruth ! ô ma fille chérie !

RUTH.
Ma bonne mère ! vous serez heureuse !

NOÉMI.
Oui, ma fille ! ton amour, tes soins, ton aimable caractère feront, comme par le passé, le charme de mes vieux ans, et je pourrai sans crainte fixer mes regards sur ton avenir. Oh ! c'est maintenant que je puis encore m'appeler Noémi !

ÉLISE.
Mon père viendra dans un instant vous remercier, ô Noémi ! d'avoir amené parmi nous ce modèle de piété filiale, et vous supplier de venir avec elle habiter notre demeure. Ah ! combien nous allons l'aimer ! avec quel plaisir nous allons lui rendre ce qu'elle a fait pour vous !

RUTH. (*Les regardant toutes deux avec amitié.*)
Chères enfants !

SALOMITH.
Vous viendrez, Noémi, partager notre abon-

dance, et nous enrichir de biens plus précieux que tous les trésors de la terre ! vous nous formerez à la vertu, à la douce piété, dont votre longue carrière fournit de si touchants exemples; nos cœurs seront dociles à votre voix comme celui de Ruth lui-même.

NOÉMI.

Aimables enfants, vos vertueux parents vous ont fait sucer, avec le lait, les principes religieux qui font trouver le bonheur au sein même de l'infortune. Oh! combien vous allez aimer Ruth!

SOLOMITH.

Oh! oui, nous allons la chérir.

Scène 9.

LES MÊMES, ISMÈNE.

ISMÈNE.

Chère Noémi, je viens d'apprendre avec transport ce que le Seigneur a fait en votre faveur. Je viens en hâte me réjouir avec vous ; votre confiance en sa miséricorde n'a point été trompée.

NOÉMI.

Sa bonté a surpassé mes espérances, ma chère Ismène. Oh! qu'il est bon le Dieu d'Israël ! oui, il est bon et sa miséricorde est éternelle !

ISMÈNE. (*A Ruth.*)

Jeune étrangère, votre piété filiale reçoit en ce moment sa récompense, et c'est non-seulement sans envie, mais avec la joie la plus vive et la plus pure, que nous vous verrons élevée en gloire parmi les filles d'Israël. Heureux les enfants qui vous ressemblent ! la bénédiction du Seigneur se reposera sur eux.

RUTH.

Dieu récompense en ce moment les vertus de ma bonne mère. Oh! que je suis heureuse et fière de lui appartenir!

ISMÈNE.

La gloire et les bénédictions se répandent en abondance sur ceux qui ont le cœur droit ; le Seigneur a glorifié ceux qui se confiaient en lui.

ESTHER.

Il a jeté un regard de bonté sur la veuve délaissée ; il en a fait un sujet d'envie pour le riche heureux !

SARAÏ.

Que le bonheur et la paix vous accompagnent, jeune étrangère ! Soyez révérée dans votre maison comme Sara, aimable comme Rébecca, aimée comme Rachel! que les bénédictions du Seigneur se répandent sur vous !

ESTHER. (*Montrant les filles de Booz.*)

Que ces aimables enfants fassent votre joie comme vous avez fait celle de Noémi !

NOÉMI.

Que Dieu vous exauce, chères amies! Oui,

elle sera heureuse, parce qu'elle a accompli le commandement que Dieu lui faisait d'aimer sa mère. Allons rendre au Seigneur nos actions de grâces pour les bienfaits dont il nous comble en ce jour heureux! Célébrons avec allégresse sa miséricorde!

ÉLISE.

Allons tresser des fleurs pour en orner l'autel; préparons nos cantiques et exerçons nos voix afin de célébrer le jour fortuné où Ruth et Noémi viendront habiter notre demeure.

RUTH.

O Dieu d'Israël! soyez béni, et que votre miséricorde soit le sujet de mes éternelles actions de grâces!

LA JEUNE FILLE COLÈRE.

PERSONNAGES.

Madame DESCHAMPS.
OCTAVIE,
HENRIETTE, } ses filles.
ELISA,
Madame FOLIGNY.
JOSÉPHINE,
ANAIS, } ses filles.
CLOTILDE, gouvernante.
ROSINE, femme de chambre.
JEANNETTE, jardinière.

LA JEUNE FILLE COLÈRE.

Scène 1.

OCTAVIE. (*Seule.*)

Bon! voilà, je l'espère, mes préparatifs tout faits. Combien ma bonne maman sera contente! elle verra que je n'ai rien négligé pour lui plaire. (*Elle examine un dessin qu'elle prend sur la table.*) Ce dessin n'est certes pas mal, il y a si peu de temps que j'ai un maître! (*Elle le pose et considère une bourse.*) Cette bourse est assez bien faite; il ne me manque qu'un joli bouquet, et tout-à-l'heure j'en aurai un, j'espère. (*Après un moment de silence.*) Mais cette petite tarde beaucoup, elle devrait être ici depuis long-temps..... si elle ne se trouvait pas chez elle, cela ne m'arrangerait guère, au moins..... Il faut convenir que c'est bien la faute de Rosine; depuis hier, je l'ai priée d'aller la chercher, et elle n'en a rien fait. Que cette fille est peu complaisante!... Je ne sais pourquoi maman garde une pareille domestique... Ah! si jamais je suis maîtresse de maison, je serai mieux servie assurément!..... Encore si elle venait me rendre réponse, il n'y aurait que demi-mal ; je prendrais mes précautions ailleurs, et je choisirais ce qu'il y a de mieux au jardin..... Peut-être n'est-il plus temps! car mes petites sœurs y sont depuis le matin, et vraisemblablement elles ne m'auront rien laissé..... Je vois qu'il en sera comme l'an dernier, mes cousines auront encore des bouquets infiniment plus beaux que le mien..... Rosine, insupportable Rosine! je crois que si elle était ici, je lui dirais des injures. (*Après un moment de silence.*) Non, non, elle ne viendra pas aujourd'hui, il ne faut plus y compter.

Scène 2.

OCTAVIE, ROSINE.

ROSINE.

Mademoiselle, Jeannette me suit à l'instant même, elle n'a pris que le temps de changer de tablier.

OCTAVIE.

Il fallait donc revenir me le dire ; depuis deux heures je m'impatiente.

ROSINE.

Depuis deux heures, mademoiselle! il y a tout au plus un petit quart d'heure que je suis sortie.

OCTAVIE.

Taisez-vous, raisonneuse, je sais ce que je

dis..... vous vous êtes amusée, j'en suis sûre ; quand vous sortez, vous ne rentrez plus.

ROSINE.

J'ai certes bien le temps de m'amuser! aujourd'hui surtout l'ouvrage ne me manque pas ! Ne faut-il pas encore que je coiffe vos sœurs, afin qu'elles soient prêtes lorsque madame votre tante arrivera?

OCTAVIE.

Elle sera ici, sans doute, avant que mon bouquet soit fait. Si depuis hier vous eussiez voulu aller chercher Jeannette, je l'aurais actuellement.

ROSINE.

Il aurait fallu avoir le temps, mademoiselle !... Mais la voilà qui vient, je vous laisse avec elle.

Scène 3.

OCTAVIE, JEANNETTE.

JEANNETTE.

Mademoiselle Rosine m'a dit que vous me demandiez, mademoiselle.

OCTAVIE.

Oui, ma petite. As-tu de belles fleurs dans ton parterre?

JEANNETTE.

La saison des belles fleurs est un peu passée, mademoiselle; néanmoins nous en avons encore quelques-unes qui sont assez jolies, telles que des grenades, des oranges, du myrthe, des dahlias, du réséda et de bien belles roses.

OCTAVIE.

Tout cela n'est pas très distingué ; mais enfin il faut s'en contenter s'il n'y en a pas d'autres. Va bien vite, ma petite, et compose-moi un bouquet des plus jolies fleurs que tu pourras trouver, arrange-le avec goût ; je le paierai ce qu'il faudra, sois-en sûre.

JEANNETTE.

Oh ! mademoiselle, je n'en suis pas en peine.

OCTAVIE.

Ne tarde pas, cours à toutes jambes.

JEANNETTE.

Oui, mademoiselle.

OCTAVIE. (*Seule.*)

Les fleurs de notre jardin sont trop communes, on en trouve partout de semblables, et je veux donner quelque chose de plus joli. Pourrais-je mieux employer mon argent? Bonne maman, qui aime voir sa cheminée ornée de belles fleurs, me saura gré de mon attention, et elle m'aimera davantage. Et puis, l'an dernier, mes cousines étaient si fières de leurs bouquets ! je serai bien aise de leur montrer qu'on peut s'en procurer d'ausi beaux.

Scène 4.

Mme DESCHAMPS, OCTAVIE.

Mme DESCHAMPS.

Eh bien, Octavie, es-tu prête à partir?

OCTAVIE.

Pas tout-à-fait, maman; ma tante est-elle arrivée?

Mme DESCHAMPS.

Pas encore; mais je pense qu'elle ne tardera guère, et tu sais qu'elle n'aime pas à attendre. Et puis quand nous ne partirions pas de suite! Il faudra faire compagnie à tes cousines, et tu aurais mauvaise grâce de les laisser seules, sous le prétexte de faire des préparatifs.

OCTAVIE.

Oh! alors, maman, je serai toute prête; il ne me manque plus qu'un bouquet.

Mme DESCHAMPS.

Un bouquet! et pourquoi ne l'as-tu pas préparé? il y a assez de fleurs dans le jardin.

OCTAVIE.

Il est vrai, maman; mais je veux offrir à ma bonne maman quelque chose de mieux, et j'ai demandé un bien joli bouquet à Jeannette. Je ne t'ai pas consultée, chère maman, car tu m'avais permis de disposer à mon gré de mon argent; il me semble que je ne pouvais en faire un meilleur usage..... Tu n'es pas fâchée, n'est-ce pas, ma petite maman?

Mme DESCHAMPS.

Non, ma fille; au contraire, ton attention me fait plaisir et me montre que tu aimes ta bonne maman. Cependant, malgré toutes tes précautions, il manquera certainement quelque chose d'essentiel à la composition de ton bouquet.

OCTAVIE.

Et quoi donc, maman?

Mme DESCHAMPS.

Un témoignage de satisfaction de ta mère : que veux-tu que je réponde lorsque ta bonne maman me demandera si je suis contente de toi?

OCTAVIE.

Mais, maman, depuis longtemps tu ne me reprends plus sur mon ouvrage, et mes maîtres paraissent contents de moi.

Mme DESCHAMPS.

Peut-être le sont-ils de ton application et de tes progrès; mais certainement ils ne le sont pas de ton caractère; et là-dessus ils partagent bien mes sentiments.

OCTAVIE.

Comment donc, maman?

Mme DESCHAMPS.

Comment, ma fille! peux-tu ignorer le chagrin

que nous cause à tous ton humeur violente et emportée? Combien s'est-il passé de jours depuis notre dernière visite à ta bonne maman, sans que tu te sois livrée à d'affreux excès de colère? nous serions peut-être bien en peine pour en trouver un tout entier.

OCTAVIE.

J'avoue, maman, que je suis un peu vive; cependant je m'emporte beaucoup moins qu'autrefois.

Mme DESCHAMPS.

Je ne sais réellement où tu prends cette amélioration dans ton caractère. Sans aller chercher bien loin des preuves du contraire, avant-hier encore, sur une légère observation que te fit poliment ton professeur d'écriture, tu tiras un trait sur ton exemple, et tu ne voulus pas continuer ta leçon.

OCTAVIE.

Oh! maman, je t'assure qu'il me faisait des reproches que je ne méritais pas.

Mme DESCHAMPS.

Patience. Tu ne méritais pas, sans doute, les reproches de ton maître de dessin, lorsque tu te levas brusquement en jetant ta chaise à terre?

OCTAVIE.

J'ai quelques torts, maman; mais je ne suis pas sans excuse. Je fais mon possible pour contenter ces messieurs : ils vantent beaucoup mes progrès, et ensuite ils trouvent à redire ; tu conviendras......

Mme DESCHAMPS.

Je conviendrai, sans doute aussi, que tu as eu raison d'injurier ta bonne, de frapper ta sœur, de briser une de mes belles tasses, parce que ton déjeûner n'était pas servi à ton goût ! de.....

OCTAVIE.

De grâce, maman, épargne-moi, je t'en conjure, et ne dis pas tout cela à ma bonne maman ! je te promets que tu n'auras plus à te plaindre de moi.

Mme DESCHAMPS.

Ainsi, si maman demande ce que je pense à ton sujet, je pourrai lui dire que tu es douce, douce comme un agneau !

OCTAVIE.

Tu te moques, maman.... Hélas ! je le sens bien, je ne suis pas douce ; mais tu diras..... tu diras..... que... que... je suis.... que je suis un peu changée, et que tu es plus contente de moi que la dernière fois que nous eûmes le plaisir de la voir.

Mme DESCHAMPS.

Et tu crois que je pourrai rendre un pareil témoignage sans mentir ?

OCTAVIE. (*En l'embrassant.*)

Oui, oui, ma chère maman, tu le pourras; je vais être si sage! si douce!..... tu verras. Oh! désormais, c'est fini; je dis un adieu éternel à la colère!..... je te le promets.

Mme DESCHAMPS.

Ah! si j'en étais sûre!

OCTAVIE.

Oh! oui, chère petite maman, sois-en sûre; ah! si tu pouvais donc lire dans l'avenir!

Mme DESCHAMPS.

Eh bien donc, sur ta parole, tirons le rideau sur le passé, et n'en parlons plus..... Mais si tu me trompais!

OCTAVIE.

Oh! non, non, chère maman, je ne te tromperai pas; jamais tu n'auras à te repentir de ton indulgence.

Mme DESCHAMPS.

Eh bien donc, achève tes préparatifs, afin que tu puisses faire compagnie à tes cousines lorsqu'elles seront arrivées. Tu sais combien elles mettent d'empressement à te recevoir lorsque tu leur rends visite; tu es plus âgée qu'elles, et tu ne dois te montrer ni moins affectueuse, ni moins polie.

OCTAVIE.

Sois tranquille, chère maman, tu seras contente. (*Seule.*) Combien je suis heureuse d'avoir une aussi bonne mère ! Si elle eût dit à ma bonne maman toutes mes saillies de colère, mon bouquet eût été fort mal reçu, et j'aurais été couverte de confusion devant toute la famille, qui, bien certainement, va se trouver réunie..... Je l'ai échappée belle ! Oh ! désormais je veux faire en sorte qu'il ne m'arrive plus rien de semblable ! je veillerai avec tant de soin sur moi-même !... Au fait, rien n'est plus vrai que ce que me dit sans cesse maman : La colère est un vice bas et honteux, horrible surtout dans une demoiselle, dont le plus bel apanage est la douceur et la modestie !.. Il faut convenir cependant que souvent il n'y a pas trop de ma faute, et que si l'on ne m'obstinait pas, je serais assez douce ; car mon cœur est bon et aimant. Le moyen d'être calme qnand on est contrarié du matin au soir ! c'est une chose impossible, et les saints mêmes y perdraient patience. (*Après un moment de silence.*) Il est pourtant vrai de dire que mes vivacités n'aboutissent qu'à me faire gronder, et ne m'attirent que du désagrément..... Allons, c'est fini ; la résolution en est prise et je la tiendrai. L'année prochaine, à pareil jour, j'espère que je n'aurai pas besoin de prier maman pour qu'elle dise que je suis la meilleure des filles..... Combien je serai heureuse alors !...... Mais qui vient ? sont-ce mes cousines ? Non, mes sœurs.

COLÈRE.

Scène 5.

OCTAVIE, HENRIETTE et ÉLISA. (*Elles ont chacune un gros bouquet de fleurs à la main.*)

HENRIETTE.

Vois, Octavie, le joli bouquet que je vais porter à bonne-maman.

ÉLISA.

Le mien est plus joli encore : qu'en dis-tu, ma sœur?

OCTAVIE. (*Avec vivacité.*)

Ils sont tous deux très beaux. Mais qui vous a permis de dévaster ainsi le parterre?

HENRIETTE.

Maman nous en a donné la permission, à condition que nous ne prendrions rien nous-mêmes; ma bonne a cueilli tout ce que nous lui avons désigné.

OCTAVIE.

En ce cas, vous avez très bien fait; je n'ai plus rien à dire.

HENRIETTE.

Est-ce que tu n'as pas encore fait le tien, Octavie?

ÉLISA

Tu ne trouveras pas grand'chose au jardin

actuellement, nous avons pris toutes les plus belles fleurs.

OCTAVIE.

Ne t'en mets pas en peine : je n'ai pas besoin, moi, d'en avoir une gerbe, et le mien ne sera certainement pas le plus laid.

ÉLISA.

Tu l'as peut-être déjà fait? Oh! montre nous-le, je te prie.

OCTAVIE.

Vous le verrez un peu plus tard.

HENRIETTE.

Fais-nous le voir actuellement, ma bonne Octavie.

OCTAVIE.

Non, non, laissez-moi tranquille.

ÉLISA. (*La tirant par sa robe.*)

O ma petite Octavie, tu seras si aimble! Je voudrais voir s'il ressemble au mien.

OCTAVIE. (*La repoussant rudement.*)

Me laisseras-tu en repos, petite morveuse. (*Elisa se met à pleurer.*) — (*A part.*) O Dieu! qu'ai-je fait, et que va dire maman? (*A Elisa en la caressant.*) Ne pleure donc pas, ma petite Elisa ; tu fais l'enfant, je ne t'ai pas fait de mal ; embrasse-moi, et ne dis rien... Dans un instant, mes petites amies, je vous donnerai à chacune une jolie fleur pour ajouter à vos bouquets.

ÉLISA. (*En souriant.*)

Tu seras bien aimable, ma petite sœur... Oh! sois tranquille; je ne me plaindrai pas.

OCTAVIE.

Tu es une bonne petite fille..... Mais croyez-moi, mes enfants, allez mettre rafraîchir vos fleurs; si vous les tenez à la main jusqu'au moment du départ, elles seront toutes fanées lorsqu'il faudra les offrir.

HENRIETTE.

Tu as raison : viens, Elisa.

OCTAVIE.

Henriette, apporte-moi la garniture que tu as brodée pour notre bonne-maman; je l'arrangerai de manière que ton ouvrage ressortira beaucoup mieux.

HENRIETTE.

Ma bonne finit de la découper; je te l'apporterai dans un instant, ma bonne sœur. (*Elles sortent.*)

OCTAVIE. (*Seule.*)

Ma brusquerie va se trouver réparée par ma complaisance, et maman ne s'apercevra de rien. J'aurais été perdue si elle l'avait sue, après les promesses que je venais de lui faire!

Scène 6.

OCTAVIE, ROSINE.

ROSINE.

Mademoiselle, Jeannette est en bas avec votre bouquet.

OCTAVIE.

Faites-la monter bien vite, Rosine. (*Seule.*) Quel bonheur ! il ne me manquera plus rien, et ma tante pourra venir quand elle voudra, je serai prête à la recevoir.

Scène 7.

OCTAVIE, JEANNETTE.

JEANNETTE. (*Un gros bouquet à la main.*)

Je vous ai peut-être fait attendre, mademoiselle ; j'ai été un peu longue, parce que j'ai voulu choisir tout ce que nous avions de plus joli.

OCTAVIE.

Tu as bien fait, il est encore temps ; voyons. (*Elle prend le bouquet et l'examine.*) Et voilà la merveille qu'il fallait attendre si longtemps !..... (*En haussant les épaules.*) C'est quelque chose de joli, assurément !

JEANNETTE.

Vous ne le trouvez pas joli, mademoiselle ? vous m'étonnez ; j'en fais souvent de semblables dont j'ai bien le débit, je vous assure. Il y a d'ailleurs toutes les fleurs que je vous avais annoncées; j'y ai même ajouté ces belles pensées dont je ne vous avais pas parlé.

OCTAVIE.

Oh! il est superbe, sans contredit! On le sent de loin, et il conviendrait parfaitement à une marraine de village; mais il ne me convient nullement à moi, et je pense que c'est pour te moquer de moi que tu m'as apporté une pareille vilenie.

JEANNETTE.

Mais, enfin, mademoiselle, qu'y manque-t-il donc?

OCTAVIE.

De la délicatesse et du bon goût. (*Elle l'examine de nouveau.*) Plus je le regarde, plus il me paraît laid! Et actuellement, je ne puis pas m'en procurer un autre, il est trop tard! (*Elle le regarde encore.*) Quelle horreur! (*En colère.*) Tiens, voilà le cas que j'en fais. (*Elle le jette à terre et met les pieds dessus.*)

JEANNETTE. (*En pleurant.*)

Ah! mademoiselle! pouvez-vous faire une pareille chose!..... Moi qui avais mis tant de soin à choisir les fleurs et à les arranger!..... Hélas! que va dire ma mère?

OCTAVIE. (*Brusquement.*)

Elle dira ce qu'elle voudra, que m'importe !

JEANNETTE.

Puisqu'il ne vous convenait pas, mademoiselle, il fallait me le rendre ; peut-être l'aurais-je vendu ailleurs !..... Vous allez me le payer.

OCTAVIE.

Moi, le payer ! Ah ! certes, si tu n'as pas d'autre argent....

JEANNETTE.

Comment, mademoiselle ! vous me feriez un tort pareil !

OCTAVIE.

Tant pis pour toi, il fallait me servir comme il faut.

JEANNETTE.

En ce cas, mademoiselle, vous me permettrez d'en parler à madame votre mère ; nous ne sommes pas riches, et nous ne vivons que du produit de notre jardin.

OCTAVIE. (*A part.*)

Si elle parle à maman, je suis perdue. (*Haut.*) Et combien en voulez-vous donc de ce beau bouquet ?

JEANNETTE.

Quinze sous, mademoiselle, et il m'est impossible de le donner à moins.

COLÈRE.

OCTAVIE.

Quinze sous! c'est bien cher, il n'en vaut pas deux; mais je ne veux point avoir de contestation avec vous. (*Elle lui donne son argent.*) Tenez, les voilà; vous pouvez être sûre que de ma vie je ne prendrai rien chez vous.

JEANNETTE.

J'en serai bien peinée, mademoiselle, mais ce ne sera pas ma faute; j'ai fait ce que j'ai pu pour vous contenter. (*Elle sort.*)

OCTAVIE. (*Seule.*)

Me voilà bien avancée actuellement! que vais-je faire sans bouquet?... Hélas! si je m'étais attendue à une chose pareille, j'aurais pris mes précautions, et dès le grand matin j'aurais choisi toutes les plus belles fleurs du jardin..... Mais il n'est plus temps, mes petites sœurs ont tout pris. (*Elle frappe du pied.*) Maudite Jeannette, quel tour m'as-tu joué!... Que je me repens de l'avoir payée!..... Il est bien certain que si je n'eusse pas craint d'être punie, je ne lui aurais pas donné un sou; mais si maman avait su ma conduite, j'aurais été perdue..... Après tout, puis-je la lui cacher? Lorsqu'elle voudra voir mon bouquet, que lui répondrai-je?... Ah! je le vois, dans le fond, j'ai eu quelques torts. (*Elle ramasse le bouquet et le regarde.*) Il n'était certes pas joli, mais il valait encore mieux que rien, et en ôtant ces grosses oranges, il eût été passable. Je les aurais données aux petites, on aurait admiré ma complaisance, j'aurais été louée, caressée : et au lieu de tout cela, me voilà fort embarrassée..... Maudite colère! tu me fais toujours des maux inouïs. Ah! si c'était donc la dernière fois!... Il faut pourtant aviser aux moyens de me tirer d'affaire. (*Elle réfléchit.*) Il n'y a pas d'autre parti à prendre..... Je vais aller cueillir simplement une immortelle et une pensée, et puis je tâcherai de tourner un petit compliment dans lequel je dirai à bonne-maman que la pensée est l'image de mes sentiments pour elle, et l'immortelle, l'emblème de leur durée... Ce sera bien ingénieux et bien joli au moins !... Il me sera alors facile de persuader à maman que j'ai changé d'idée, parce que cette manière de souhaiter une fête me semble plus délicate et moins triviale... Je vais m'en occuper de suite, il n'y a pas un moment à perdre.

Scène 8.

OCTAVIE, HENRIETTE.

HENRIETTE.

Nos fleurs sont dans l'eau, Octavie; je viens te prier d'arranger mon ouvrage, ainsi que tu me l'as promis.

COLÈRE.

OCTAVIE.

Dans un instant je m'en occuperai, j'ai quelques petites choses à faire. Reste là et repasse ton compliment. (*Elle sort.*)

HENRIETTE. (*Seule.*)

Octavie est bien bonne lorsqu'elle n'est pas en colère; je l'aime de tout mon cœur : je crois cependant que je la crains encore davantage, et je me trouvais très heureuse tandis qu'elle était chez ma tante; combien nous étions alors tranquilles, Elisa et moi ! Nous faisions ce que nous voulions sans crainte d'être battues : c'était bien agréable, et je ne serais pas fâchée que ma bonne-maman voulût la garder quelque temps chez elle.

Scène 9.

HENRIETTE, ÉLISA. (*Une page d'écriture à la main.*)

ÉLISA.

Je crois que ma tante n'arrivera pas aujourd'hui, elle devait être ici à neuf heures.

HENRIETTE.

Il n'est pas beaucoup plus; je parierais qu'Anaïs est seule cause de ce retard, elle n'a jamais tout fait.

ÉLISA.

Moi, je ne me fais jamais attendre, n'est-ce pas, ma sœur?

HENRIETTE.

C'est bien difficile! ma bonne te lève, t'habille, prépare tout ce qu'il te faut.

ÉLISA.

Lorsque je serai grande, je me servirai seule, et je ne serai pas plus maladroite qu'une autre; regarde cette page d'écriture que je porte à bonne-maman, elle est bien faite, j'espère. (*Elle saute de joie.*)

HENRIETTE.

Il est certain que ton écriture est très jolie; ce qu'elle a de bon surtout, c'est qu'on peut la lire sans lunettes, elle est assez grosse.

ÉLISA.

Sois tranquille : quelque jour, j'écrirai en fin aussi bien que toi. Il est juste que tu sois plus instruite que moi puisque tu es plus âgée; mais avec le temps, je ne désespère pas de devenir même aussi savante qu'Octavie.

HENRIETTE.

Tu as de l'ouvrage pour en venir là : elle écrit bien, travaille parfaitement, dessine à ravir. (*Elle prend le dessin d'Octavie sur la table.*) Ah! voilà le dessin qu'elle va porter à bonne-maman. Qu'il est joli!

ÉLISA.

Fais-le-moi voir, je te prie, Henriette.

HENRIETTE. (*Le lui présentant.*)

Regarde-le, mais ne le touche pas : tu pourrais le froisser, et tu ne serais pas à la noce.

ÉLISA. (*Le tenant avec précaution d'un côté, tandis qu'Henriette le tient de l'autre.*)

J'en aurai autant de soin que toi, peut-être !

Scène 10.

OCTAVIE, HENRIETTE, ÉLISA.

OCTAVIE. (*Elle entre avec précipitation et tire le dessin des mains de ses sœurs.*)

Eh bien, mesdemoiselles, qui vous a permis de toucher ce dessin ? vous l'arrangez bien !

HENRIETTE.

Nous le tenions avec précaution ; je t'assure qu'il n'a pas de mal.

OCTAVIE.

Il est en bon état, vraiment ! les bords sont tout froissés. (*En frappant du pied.*) Maudites petites filles, que vous êtes détestables !

ÉLISA.

Nous en avions bien soin ; tu lui fais plus de mal que nous.

OCTAVIE. (*La frappant.*)

Tiens, petite insolente. Que dirais-tu, si je froissais ainsi entre mes mains cette feuille de griffonnage dont tu es si fière ? (*En disant ceci elle froisse entre ses deux mains la page d'écriture; Elisa se met à sangloter.*)

HENRIETTE.

Fi, Octavie! que tu es méchante!

OCTAVIE.

Laisse-moi tranquille aussi, toi! Plus on a de complaisance pour vous, plus vous faites de sottises.

Scène 11.

OCTAVIE, HENRIETTE, ÉLISA, CLOTILDE.

CLOTILDE.

Que faites-vous donc, mes enfants? auriez-vous ensemble quelques querelles, un beau jour comme aujourd'hui? ce serait bien laid........ Mais qu'avez-vous donc, ma petite Elisa? vous pleurez.

HENRIETTE.

Octavie vient de la frapper et de froisser entre ses mains la page d'écriture que la pauvre enfant avait faite avec tant de soin pour l'offrir à bonne-maman.

OCTAVIE. (*Ironiquement.*)

C'était quelque chose de joli, vraiment! mais ces demoiselles ne disent pas qu'elles ont commencé par me faire mille sottises; elles ont gâté mon dessin, qui a bien une autre valeur que cette méchante page d'écriture.

CLOTILDE.

Vous devriez rougir de vos emportements, Octavie; rien n'est capable de vaincre votre caractère; si votre bonne-maman savait votre conduite, elle n'accepterait ni votre ouvrage ni votre bouquet.

OCTAVIE. (*Pleurant de dépit.*)

Est-ce ma faute, à moi, quand on ne fait que me contrarier? Lorsqu'on me laisse en repos, je suis assez douce.

CLOTILDE. (*Ironiquement.*)

Vous avez là vraiment un grand mérite; le lion le plus indompté ne fait de mal à personne lorsqu'on ne l'irrite pas.

OCTAVIE. (*Sur le même ton.*)

Vous êtes bien polie, de me comparer à un animal; mais, au reste, je sais bien que vous ne m'aimez pas et que vous me préférez mes sœurs.

CLOTILDE.

Et comment voulez-vous qu'on vous aime avec un semblable caractère? Ah! tant que vous vous comporterez de la sorte, il n'y aura point de comparaison injurieuse pour vous.

OCTAVIE.

Vous croyez? et moi je suis certaine que si maman savait sur quel ton vous me parlez, elle ne vous approuverait pas.

CLOTILDE.

C'est ce que nous allons voir ; je vais lui détailler votre conduite et la mienne, et.....

OCTAVIE. (*Se jetant à son cou.*)

Hélas ! non, ma chère bonne ! gardez-vous-en bien, je serais perdue ; je lui avais fait, il n'y a qu'un moment, de si belles promesses ! ah ! je vous en conjure, ne lui dites rien. Désormais je serai si sage, si douce !

CLOTILDE.

Oh ! je le crois ! Vous ne méritez guère qu'on vous ménage, et si je garde le silence, c'est par considération pour votre maman, à qui la connaissance de ces nouveaux emportements ôterait tout le plaisir qu'elle se promet en ce jour..... Mais si vous recommenciez, je n'aurais pas la même indulgence, je vous en réponds.

OCTAVIE.

Vous verrez, ma bonne, que cette fois je ne vous trompe pas. La méchanceté que je viens de faire est la dernière de ma vie.

CLOTILDE.

Dieu veuille vous en faire la grâce ! je n'ose l'espérer. (*A Elisa.*) Séchez vos larmes, ma petite Elisa ; donnez-moi votre exemple, je vais essayer de la défroisser et de la rendre aussi propre qu'elle était avant la sottise d'Octavie.

ÉLISA. (*La lui présentant.*)

La voilà, ma bonne; mais vous aurez beau faire, elle ne sera jamais aussi jolie qu'elle l'était.

CLOTILDE.

Oh! que si! laissez-moi faire, on n'y connaîtra plus rien..... Allons, remettez-vous toutes trois avant l'arrivée de madame votre tante, afin que votre maman ne s'aperçoive de rien et que son plaisir ne soit pas troublé.

OCTAVIE.

Je puis donc compter sur votre discrétion, ma bonne?

CLOTILDE.

Oui; soyez tranquille, je ne dirai rien; mais ce n'est pas à cause de vous, vous ne le méritez pas.

OCTAVIE.

Je vais être bien douce, ma bonne. (*A Elisa.*) Embrasse-moi, mon Elisa, et ne m'en veuille pas; je te donnerai une jolie robe pour ta poupée.

ÉLISA.

Tu me bats toujours.

OCTAVIE.

Je ne te battrai plus; tu verras combien tu seras heureuse!

HENRIETTE.

Arrangeras-tu mon ouvrage, comme tu me l'as promis?

OCTAVIE.

Dans un instant.... Il faut d'abord que j'aille repasser mon compliment ; cette maudite dispute me l'a fait oublier.

CLOTILDE.

Vous ferez bien ; et vous, mes bonnes petites, repassez aussi les vôtres, afin de les réciter comme il faut lorsqu'il en sera temps.

LES DEUX PETITES.

Oui, ma bonne.

(*Clotilde et Octavie sortent.*)

Scène 12.

HENRIETTE, ÉLISA.

ÉLISA.

Je crains bien que ma bonne ne répare pas entièrement le mal qu'Octavie a fait à ma page d'écriture ; elle était si belle !

HENRIETTE.

Tu me fais rire avec sa beauté : n'aie donc pas tant d'inquiétude. On n'y connaîtra plus rien.

ÉLISA.

Crois-tu ?

HENRIETTE.

Sans doute ; ne t'en occupe plus. Récitons plutôt nos compliments. Commence.

ÉLISA.

Dis la première, toi ; tu me donneras le ton.

HENRIETTE.

Que tu es enfant! Eh bien! écoute donc avec attention. (*Elle récite d'un ton emphatique.*)

Béni soit le jour heureux qui nous rassemble près de vous, chère bonne-maman, pour vous témoigner à l'envi notre tendresse et notre reconnaissance! Daignez accepter ce petit ouvrage de mes mains ; c'est bien peu de chose, mais je ne suis qu'une enfant, et votre bonté l'accueillera avec indulgence. A mesure que je croîtrai en âge, je m'efforcerai de croître aussi en vertu et en talents, et je viendrai chaque année vous en offrir l'hommage. Combien cette pensée me donnera de courage et soutiendra mon application. Dans cette douce espérance, permettez-moi, chère bonne-maman, de prendre à l'avance ma plus douce récompense en vous embrassant de tout mon cœur.

ÉLISA.

Ce que tu dis est bien joli ; mais tu chantes trop en parlant.

HENRIETTE.

Enfant!..... Je le fais exprès ; ne faut-il pas avoir un ton élevé quand on parle en cérémonie?

ÉLISA.

Cependant maman nous a recommandé de réciter nos compliments d'une voix distincte, mais bien simplement. Ecoute le mien :

Qu'il est doux à votre petite Elisa, chère bonne-maman, de vous présenter ce petit bouquet! il est simple comme mon cœur ; puisse-t-il être à vos yeux un gage de mon amour ! Recevez aussi ce petit échantillon.

Scène 13.

HENRIETTE, ÉLISA, JOSÉPHINE, ANAIS.

JOSÉPHINE ET ANAÏS. (*En entrant.*)

Bonjour, mes chères cousines!

HENRIETTE.

Ah! soyez les bienvenues ! il y a un siècle que nous vous attendons.

JOSÉPHINE.

S'il n'eût tenu qu'à moi, depuis longtemps nous serions ici, je t'assure. Où est donc Octavie?

HENRIETTE.

Dans sa chambre, je pense. Quel bonheur ! nous allons partir !

ANAÏS.

Pas encore..... maman et ma tante viennent de sortir afin de faire quelques emplettes pour la fête. Nous allons causer un peu ensemble en attendant.

ÉLISA.

Avez-vous de jolis bouquets? Savez-vous de beaux compliments?

JOSÉPHINE.

Oui, sans doute. Et vous?

ÉLISA.

Oh! moi, j'ai tout ce qu'il me faut. Jamais bonne-maman n'aura été si contente de moi : je lui porte une paire de pantoufles que je lui ai brodées au point de tapisserie; un bouquet gros comme ma tête, et une page d'écriture superbe.

HENRIETTE.

Elle est plaisante avec sa page d'écriture; ah! peu s'en est fallu qu'elle ne fût pas belle!

ÉLISA.

Fi, Henriette! que c'est laid de rapporter les fautes de ses sœurs!... Pour moi, je ne veux pas dire à mes cousines qu'Octavie l'a toute froissée dans ses mains, puisque ma bonne va réparer le mal; on ne le connaîtra plus.

ANAÏS.

Sais-tu que tu es bien discrète? il fait bon se mettre en colère devant toi, tu n'en parles pas!

ÉLISA.

C'est que cela n'est pas beau de dire ce que font les autres; ma bonne dit que les rapporteurs sont haïs comme la peste.

JOSÉPHINE.

Et pour te faire aimer tu gardes le silence ; tu as raison ! (*Après un moment de silence.*) Mais Octavie est donc bien longue à faire sa toilette.

HENRIETTE.

Sa toilette est achevée depuis longtemps, j'ignore ce qui l'empêche de venir ; pour moi, je voudrais déjà qu'elle fût ici ; elle m'a promis d'arranger ma broderie de manière à la faire ressortir : je crois qu'elle va la mettre sur un papier vert.

ANAÏS.

Fais-moi voir cette broderie. (*Elle la prend et l'examine.*) Elle est fort bien faite, pour toi. (*Elle aperçoit la bourse d'Octavie, la prend et la regarde avec attention.*) Cette bourse est sans doute l'ouvrage d'Octavie ; qu'elle est jolie !

JOSÉPHINE.

Montre-la moi, je te prie ; elle est charmante en effet.

HENRIETTE.

De grâce, ne la touchez pas, elle l'a tant défendu. (*On pose la bourse d'Octavie sur la table.*)

ÉLISA.

Et vous, mes cousines, qu'allez-vous offrir à notre bonne-maman ?

JOSÉPHINE.

Je lui porte une paire de jolis porte-montre ; et ma sœur, un cabas qu'elle lui a brodé.

ÉLISA.

Combien notre bonne-maman sera contente en recevant d'aussi jolis cadeaux de toutes ses petites filles. (*Elle saute de joie.*)

ANAÏS.

Surtout parce qu'ils sont leur ouvrage.

ÉLISA.

Oh ! sans doute.

JOSÉPHINE.

Puisque Octavie ne vient pas encore, allons la trouver dans sa chambre.

ANAÏS.

Allons, il nous tarde de la voir. (*Elles sortent d'un côté, Octavie rentre de l'autre.*)

Scène 14.

OCTAVIE. (*Seule.*)

Que je suis malheureuse ! je ne puis rien faire. Il se présente à mon esprit mille idées que je ne puis arranger ensemble. Je suis trop bouleversée !... Le moment de partir approche, et je ne saurai rien ; car le compliment que je devais réciter ne va plus avec le bouquet que je porte, puisque je parlais de l'éclat, de la variété et du parfum de mes fleurs. Or, toutes ces belles choses ne conviennent ni à une immortelle ni à une pensée, qui n'ont ni éclat ni parfum, et ne plaisent que par les sentiments dont elles sont le symbole..... J'ai fait trois fois le tour du jardin pour trouver d'autres fleurs, mais ces petites sottes ne m'ont rien laissé de passable..... Que je suis donc ennuyée! Que pensera de moi ma bonne-maman? je suis la plus grande de ses petites filles et je ne saurai rien dire! (*En frappant du pied.*) Il faut avoir bien du malheur!.... Je suis sûre que Joséphine va présenter de l'ouvrage bien fait, un bouquet arrangé avec goût; et puis elle va réciter son compliment avec assurance, sans toutefois perdre son air modeste! Elle sait si bien jouer son rôle! (*En haussant les épaules.*) Ce n'est pas qu'elle vaille mieux qu'une autre, au moins! les louanges qu'on lui donne sans cesse entretiennent en elle un orgueil qui la rend insupportable. Je sens la colère me monter à la tête lorsque je pense qu'on me la cite sans cesse pour modèle... (*D'un air moqueur.*) Oui, sans doute, un beau modèle à suivre! Je ne voudrais certes pas lui ressembler, et je préfère mon caractère, un peu trop vif peut-être, au sien si doucereux en apparence. (*Elle regarde sa bourse.*) Mais on a touché ma bourse, je le vois; elle sera propre vraiment lorsqu'elle aura passé par toutes les mains....

COLÈRE.

J'avais bien défendu à ces petites morveuses de la toucher; mais elles n'obéissent en rien..... Qu'Henriette m'apporte sa broderie, je la lui arrangerai, elle peut s'y attendre!..... Mais, mon Dieu! que fais-je? pensons plutôt à mon pauvre compliment. (*Elle réfléchit un instant en se promenant.*) Recevez, chère bonne-maman, cette immortelle et cette pensée.... et que ces fleurs..... ces fleurs soient à vos yeux..... Non, non, cela ne va pas. (*Elle frappe du pied.*) Est-il possible que je ne puisse rien trouver! (*Elle réfléchit de nouveau.*) Cette pensée et cette immortelle sont..... sont..... l'emblème de mes sentiments..... et de leur durée..... (*En colère.*) Détestable! (*Elle frappe encore du pied.*) Maudite Jeannette, que tu me causes de soucis!

Scène 15.

OCTAVIE, HENRIETTE, ÉLISA, JOSÉPHINE, ANAIS.

JOSÉPHINE.

Te voilà enfin, ma chère Octavie! que nous avons eu de peine à te trouver! nous te cherchons depuis deux heures.

ANAÏS. (*En souriant.*)

C'est bien mal à toi de te dérober ainsi à l'empressement que nous avons de te voir.

OCTAVIE. (*Avec humeur.*)

Comme je ne suis ni prophétesse ni sorcière, je ne pouvais deviner que vous étiez ici; personne ne m'en a prévenue.

ANAÏS.

Ne te fâche pas, ma bonne cousine; c'est aujourd'hui plus que jamais le jour de la concorde et de l'union.

JOSÉPHINE.

Sans doute, tous nos sentiments sont les mêmes aujourd'hui. Nous ne sommes occupées que du bonheur de notre bonne-maman.

OCTAVIE.

Il me semble que s'il y a de la discorde, ce n'est pas moi qui l'ai cherchée.

JOSÉPHINE.

N'en parlons plus; tout ceci est une plaisanterie. Tu sais sans doute de jolis vers pour fêter notre bonne-maman.

OCTAVIE.

Je ne suis pas assez savante pour parler en vers; et je n'aime pas à me parer de l'esprit des autres.

JOSÉPHINE.

Tu aurais bien tort, le tien peut te suffire; tu es fort avancée dans tes études, et bien capable de faire un compliment sans le secours de personne.

ANAÏS.

Et bien adroite aussi. (*Examinant la bourse d'Octavie.*) Ah ! que cette bourse que tu as faite est jolie !

OCTAVIE.

Elle était assez bien lorsqu'elle était propre, mais actuellement qu'elle est toute ternie, elle n'est pas belle.

JOSÉPHINE.

Que veux-tu dire? elle est aussi fraîche que si tu venais de l'achever.

OCTAVIE. (*En colère.*)

Non, mademoiselle; quoique je ne sois pas aussi habile que vous, je serais bien fâchée de travailler aussi malproprement. Mais il a bien fallu que mademoiselle Henriette en fît ses honneurs, malgré les défenses que je lui avais faites.

HENRIETTE.

A qui en as-tu donc? je t'assure que personne ne l'a touchée. (*D'un air caressant.*) Allons, ma chère petite sœur, fais-moi le plaisir que tu m'as promis, voici ma garniture. (*Elle la lui présente.*)

OCTAVIE.

Laisse-moi, flatteuse; tu sais bien faire quand tu as besoin des gens; va te promener avec ta broderie. (*Elle la lui prend des mains.*) Tiens, voilà le cas que j'en fais. (*Elle la froisse entre ses mains, la jette à terre et met le pied dessus.*)

ANAÏS.

La voilà jolie! Si c'était la préparation que tu voulais faire!

OCTAVIE. (*En colère.*)

Laisse-moi tranquille.

HENRIETTE. (*En pleurant.*)

Oh! mon pauvre ouvrage! fallait-il le faire avec tant de soin?

OCTAVIE.

C'est bien fait; tu ne devais pas me contrarier.

JOSÉPHINE.

Je ne sais vraiment, Octavie, ce que tu as aujourd'hui; mais il n'y a pas moyen d'avoir la paix avec toi.

OCTAVIE.

Si je vous déplais, il est facile de vous débarrasser de ma personne. (*Elle va pour sortir, Joséphine la retient par le bras.*)

JOSÉPHINE.

Mais, non; reste donc avec nous, je t'en conjure.

OCTAVIE. (*Se débattant.*)

Non, non; laissez-moi.

Scène 16.
HENRIETTE, ÉLISA, JOSÉPHINE, ANAIS.

ANAÏS.
Elle s'en va en colère; est-il possible que toutes ces contrariétés arrivent un jour où nous devrions être si contentes !

ÉLISA.
Elles arriveraient tous les jours; il ne s'en passe pas un seul sans qu'Octavie se mette en colère.

JOSÉPHINE.
Aujourd'hui c'est encore pis.

HENRIETTE.
O ma pauvre garniture !

JOSÉPHINE.
Ne te désole pas, mon Henriette; l'ouvrage est toujours le même, un coup de fer lui rendra sa beauté. Donne-la-moi, je vais aller la repasser avant le retour de maman et de ma tante.

Scène 17.
Mme DESCHAMPS, Mme FOLIGNY, JOSÉPHINE, ANAIS, HENRIETTE, ÉLISA.

Mme FOLIGNY.
Eh bien, mes enfants, le temps vous a beaucoup duré, n'est-ce pas?

ÉLISA. (*D'un air joyeux.*)

Ah! bonjour, ma chère tante.

Mme FOLIGNY.

Bonjour, ma petite amie; Tu ne me dis rien, Henriette; qu'as-tu donc?

HENRIETTE.

Moi, rien, ma chère tante.

Mme DESCHAMPS.

Tu fais à ta tante une réception bien polie..... Viens voir ici... tu as pleuré, je le vois... il y a quelque chose là-dessous. Où est Octavie?

ANAÏS.

Elle est sortie il n'y a qu'un instant.

Mme FOLIGNY.

Vous avez eu ensemble quelque querelle. Ah! mes enfants, cela n'est pas bien.

JOSÉPHINE.

Nous n'y sommes pour rien, maman, je t'assure.

Mme DESCHAMPS.

Henriette, quel est le sujet de tes larmes? dis-le moi.

HENRIETTE. (*D'un air embarrassé.*)

Maman.....

Mme DESCHAMPS.

Je veux le savoir.

HENRIETTE.

Je te prie... ma chère maman...

Mme DESCHAMPS.

Eh bien ! puisque tu es si peu confiante envers ta mère, je ne t'en parlerai plus. Joséphine, dis-moi la vérité : que s'est-il passé ?

JOSÉPHINE.

Ma chère tante, je vais vous le dire ; car je craindrais que vous accusassiez Henriette à tort. Elle pleure parce qu'Octavie s'est mise en colère et lui a froissé sa garniture.

Mme DESCHAMPS. (*A Henriette.*)
Pourquoi ta sœur s'est-elle portée à cet excès ? l'as-tu contrariée ?

HENRIETTE.

Non, maman ; du moins, je ne le crois pas ; elle s'est figurée que j'avais terni sa bourse, que je n'avais pas touchée.

Mme DESCHAMPS.

Où est cette bourse ?

HENRIETTE.

La voici, maman.

Mme DESCHAMPS. (*La regardant attentivement.*)
Elle n'a aucun mal..... Voilà qui complète les sottises de la journée..... Malheureuse enfant !... ah ! si la punition que je lui destine pouvait produire un effet salutaire !.... combien je me trouverais heureuse !..... Mes enfants, nous allons partir, et Octavie va rester à la maison.

HENRIETTE.

Oh! non, je te prie, chère maman; nous n'aurions aucun plaisir sans elle; pardonne-lui, je t'en conjure..... ma cousine va réparer mon ouvrage, il n'aura plus de mal.

ÉLISA.

Ma page d'écriture est défroissée; grâce, grâce, ma petite maman.

JOSÉPHINE.

Ma chère tante, pour l'amour de ma bonne-maman, qui serait peinée si elle n'avait pas tous ses enfants auprès d'elle le jour de sa fête, pardonnez-lui.

ANAÏS.

Allons, ma bonne tante, laissez-vous toucher.

Mme FOLIGNY.

Ma sœur, le jour où nous fêtons notre tendre mère est un jour d'indulgence et non de rigueur. Rends-toi aux vœux de nos enfants, et si ma prière est nécessaire, c'est de tout mon cœur que je te conjure de lui faire grâce. (*On entend un grand bruit de vaisselle cassée derrière le théâtre.*) Mais que veut dire ce vacarme?

ÉLISA.

Oh! que j'ai eu peur!

Mme DESCHAMPS.

Nous allons le savoir.... Je tremble que ce ne

COLÈRE. 151

soit encore une nouvelle sottise... (*Elle appelle.*) Rosine !

Scène 18.

LES MÊMES, ROSINE.

ROSINE.

Que me veut madame ?

Mme DESCHAMPS.

Dites-moi, Rosine, la cause du vacarme que nous venons d'entendre.

ROSINE.

Madame, c'est un malheur qui vient d'arriver.

Mme DESCHAMPS.

Quel malheur ? parlez.

ROSINE.

Mademoiselle Octavie s'était retirée dans un coin de la salle à manger, pour écrire, à ce que je crois, son compliment. Je suis entrée en chantant, ignorant qu'elle était là. Je l'ai vraisemblablement dérangée, car elle a voulu me jeter son encrier à la tête ; j'ai esquivé le coup, mais il est tombé sur la table qui n'était pas desservie, et il a brisé votre huilier de cristal.

Mme DESCHAMPS.

Il suffit, Rosine ; envoyez-la ici, et ne lui dites pas que je sais sa sottise.

ROSINE.

Oui, madame. (*Elle sort.*)

JOSÉPHINE.

Ma chère tante, permettez-moi d'implorer encore votre indulgence, pardonnez à ma pauvre cousine.

Mme DESCHAMPS.

Non, ma chère amie, je n'ai été que trop indulgente, et j'en vois les funestes effets ; il faut essayer de rompre ce caractère. Hélas! peut-être est-il trop tard!

Scène 19.

Mme DESCHAMPS, Mme FOLIGNY, JOSÉPHINE, ANAIS, OCTAVIE, HENRIETTE, ÉLISA.

OCTAVIE.

Rosine vient de me dire que tu me demandais, maman.

Mme DESCHAMPS.

Pourrais-tu me dire la cause du bruit que je viens d'entendre ?

OCTAVIE.

Ma chère maman, tu le sais peut-être : j'ai eu le malheur de casser ton bel huilier de cristal, mais je peux bien t'assurer que c'est par maladresse.

Mme DESCHAMPS.

Je le sais, mademoiselle ! et je rends grâce à Dieu qui a permis cette maladresse ; car sans cela quel malheur affreux aurions-nous actuellement à déplorer!.... A cette seule pensée, je frissonne d'horreur.

OCTAVIE.

Ma chère maman, j'en suis toute honteuse et bien repentante, je t'assure; cependant je puis te dire avec vérité, ce n'est pas moi qui ai cherché à.....

Mme DESCHAMPS.

Taisez-vous, mademoiselle, voilà une belle excuse; voudriez-vous me prouver que vous avez eu raison.

Mme FOLIGNY.

Tu as mauvaise grâce de chercher à t'excuser, Octavie; tu devrais plutôt avouer ta faute et implorer ton pardon.

OCTAVIE. (*D'un air suppliant.*)
Ma chère maman, je te prie.....

Mme DESCHAMPS.

Vous prenez une peine inutile, mademoiselle; taisez-vous; vous devriez rougir de votre indigne conduite. J'ai passé la matinée dans mon cabinet d'où j'ai tout entendu. J'ai été témoin de la colère qui vous a fait fouler aux pieds le bouquet que Jeannette avait fait avec tout le soin possible; de vos emportements envers vos sœurs dont vous avez troublé l'innocente joie, en froissant des ouvrages qui leur avaient coûté tant de travail et d'application. Vous avez même porté l'indignité jusqu'à les frapper; et je viens de voir en rentrant, à l'air consterné de vos cousines, que vous leur avez encore fait vos grossièretés habituelles, malgré la promesse que vous m'avez faite de les bien recevoir, et de leur rendre amitié pour amitié. (*Avec indignation.*) Et c'est le jour où toute votre famille se réunit pour fêter une mère chérie, que vous choisissez pour vous comporter de la sorte ! vous êtes un monstre à mes yeux ; retirez-vous de ma présence, votre vue me fait mal.

OCTAVIE.

Ma chère maman, sois assez bonne pour me pardonner encore cette fois. Ah ! tu ne te repentiras pas de ton indulgence ; sois-en sûre.

Mme DESCHAMPS.

Vous m'avez tenu ce propos il n'y a qu'un instant, mademoiselle, et vous m'avez trop cruellement trompée pour que j'ajoute de nouveau foi à vos paroles.

TOUTES LES PETITES. (*D'un air suppliant.*)

Ma chère maman, ma chère tante !

Mme DESCHAMPS.

Non, mes enfants, c'est impossible : comme je ne tairai pas sa mauvaise conduite à ma mère, je veux, en la laissant à la maison, lui épargner la confusion de recevoir de justes reproches, et à sa bonne-maman, la peine de les lui faire.

Scène 20.

LES MÊMES, ROSINE.

ROSINE.

Madame, les chevaux sont à la voiture depuis longtemps, et le cocher s'impatiente.

Mme DESCHAMPS.

Nous y sommes. Allons, ma sœur; allons, mes chères enfants. (*A Octavie.*) Pour vous, mademoiselle, ne vous avisez pas de sortir de la maison. Je me charge de vos compliments, qui ne seront pas flatteurs, je vous assure.

OCTAVIE. (*Seule.*)

Les voilà donc parties, et il faut que je reste seule à me désoler à la maison !...... Que je suis malheureuse ! Hélas ! depuis deux mois au moins, je me réjouissais de cette fête, et il faut que j'en sois privée !...... Je me promettais un plaisir si vif de faire hommage de mes progrès à ma bonne-maman, et de recevoir en échange les plus tendres caresses ! et au lieu de tout cela, je suis confinée loin d'elle dans ce triste appartement ! elle saura pourquoi, et elle ne m'aimera plus. O mon Dieu !...... Dans un instant mes sœurs et mes cousines vont étaler à ses yeux les ouvrages de leurs mains, elles vont se précipiter dans ses bras, et recevoir de sa bouche les plus doux témoignages de satisfaction! qu'elles sont heureuses!... Elles jouiront ensuite des plaisirs si purs, si variés qu'offre une riante campagne; il me semble les voir courir et sauter sous les yeux de bonne-maman qui sourit à leurs jeux; et moi, qui suis la plus grande, je suis enfermée tristement, seule.... avec mes regrets... Hélas! fallait-il m'appliquer à cette bourse, à ce dessin avec tant de soin!..... Ah! maudite colère!..... Mon Dieu, mon Dieu, ayez pitié de moi!

Scène 21.

OCTAVIE, CLOTILDE.

CLOTILDE.

Eh bien, ma pauvre Octavie, vous voilà donc seule? vos sœurs, vos cousines sont parties sans vous?

OCTAVIE.

Hélas! oui, ma bonne; il n'y a que moi dans toute la famille qui n'offrirai pas de bouquet à ma bonne-maman pour sa fête.

CLOTILDE.

C'est un malheur sans doute, et malheur d'autant plus grand que vous ne pouvez l'attribuer qu'à vous-même.

OCTAVIE.

Hélas! ma bonne, je ne puis en disconvenir,

et c'est ce qui me désole. Ah! je crois que j'en mourrai de chagrin.

CLOTILDE.

Non, non, mon enfant, vous n'en mourrez pas; j'espère même que cette contrariété sera le principe du bonheur de votre vie.

OCTAVIE.

Et comment cela, ma bonne? c'est impossible.

CLOTILDE.

En ce que vous allez faire des réflexions sérieuses sur les dangers de la colère, et que ces réflexions vous engageront à prendre des moyens efficaces que vous n'avez pas voulu employer jusqu'ici pour vous corriger d'un défaut qui suffirait seul pour empoisonner votre vie, et attirer sur votre tête des malheurs épouvantables, dont celui d'aujourd'hui n'est qu'une très faible image.

OCTAVIE.

Ah! ma bonne, je ne crois pas qu'il puisse jamais m'arriver un chagrin plus sensible que celui que j'éprouve aujourd'hui : privée d'assister à la fête d'une grand'mère que je chéris ; dans la disgrâce de maman ; haïe et méprisée du reste de la famille qui saura ma conduite, que pourrait-il m'arriver de pis?

CLOTILDE.

Et que serait-ce donc si l'encrier que vous

lanciez eût atteint Rosine ? Vous auriez bien actuellement un autre sujet de pleurer.

OCTAVIE.

Croyez-vous, ma bonne, qu'il eût pu lui faire beaucoup de mal ? Ce n'était pas mon intention. Je ne voulais que la faire taire, parce que ces maudites chansons me distrayaient de mon ouvrage.

CLOTILDE.

Pouviez-vous avoir une intention positive, agitée comme vous l'étiez par la passion ? Mais il est très certain néanmoins que cet encrier lancé de toute la force de votre bras eût pu la tuer s'il l'eût frappée à la tête. Que diriez-vous actuellement si vous la voyiez étendue sur le carreau, baignée dans son sang et privée de la vie, et que sa mort fût votre ouvrage ?

OCTAVIE.

Finissez, ma bonne, vous me faites mal. Dieu ! serait-il possible que moi qui ai le cœur aimant, je pusse me rendre coupable d'un tel crime ? Non, non, jamais !

CLOTILDE.

Vous ne seriez pas la première qui, douée d'un esprit droit et d'un cœur sensible, fussiez entraînée par la colère aux plus abominables excès. Qui vous a dit que parmi les malheureux condamnés au dernier supplice et voués à l'exécration publique, il n'y en ait pas eu; et même un grand nombre, qui eussent été gens de bien, estimés et heureux, si, dans leur enfance, ils eussent réprimé ce vice affreux, qui a suffi pour ternir toutes leurs bonnes qualités, et les rendre un objet d'horreur?

OCTAVIE.

Vous me faites frisonner, ma bonne; quoi! je pourrais!..... Non, non, il n'en sera pas ainsi.... Je me corrigerai.... je deviendrai douce et heureuse!... Mais, hélas! puis-je m'en flatter? J'ai pris si souvent cette résolution, et je suis toujours la même! Puis-je compter sur moi après de si funestes expériences?

CLOTILDE.

Moins vous compterez sur vous-même, ma chère amie, et plus vous serez assurée du succès; car en reconnaissant votre faiblesse, vous chercherez votre force en Dieu, vous l'invoquerez, et son secours puissant vous rendra victorieuse de votre mauvaise habitude. O ma chère Octavie! que nous serons tous heureux alors! Quelle joie pour votre pauvre mère, qui vous aime avec tant de tendresse, et qui tremble en envisageant votre avenir.

OCTAVIE.

Le croyez-vous, ma bonne? j'ai toujours pensé

qu'elle ne m'aimait pas, et qu'elle préférait mes sœurs.

CLOTILDE.

Et quand elle les aimerait mieux que vous, serait-elle injuste? ces chères petites vont au-devant de tout ce qui peut lui faire plaisir; elles sont douces et soumises; tandis que vous la chagrinez sans cesse par votre humeur vive et emportée. Mais, ma chère Octavie, que vous vous tromperiez si vous pensiez que vos défauts vous ont entièrement fermé son cœur! Que n'êtes-vous témoin des larmes qu'elle verse chaque jour sur vous, des prières ferventes qu'elle adresse pour vous au Dieu des miséricordes, des bonnes œuvres qu'elle fait à votre intention!... Aujourd'hui, j'en suis sûre, son cœur, loin de partager la joie de sa famille, est dévoré d'amertume, en pensant que sa fille aînée manque à la fête et se prépare, par sa faute, un avenir malheureux. Oh ! non, cette tendre mère ne peut goûter aucun plaisir tandis que... Mais, que dis-je? depuis bien des années a-t-elle eu un seul moment de bonheur? et sa vie n'a-t-elle pas été traversée chaque jour par des scènes désolantes, qui peinent dans un être indifférent, mais qui déchirent le cœur lorsque c'est d'un enfant chéri que...... ?

COLÈRE.

OCTAVIE.

Ah! ma bonne, n'achevez pas, vous me faites rougir de mon indigne conduite..... Hélas! je n'y avais jamais bien réfléchi, et loin de me faire de justes reproches, je trouvais que tout le monde avait des torts envers moi! Oh! que j'ai été ingrate, et que je suis indigne de la tendresse de mon excellente mère. Mais je réparerai tout; je serai désormais si douce, si obéissante, qu'elle ne versera plus de larmes, et m'aimera autant que mes sœurs. (*Levant les mains au ciel.*) O mon Dieu qui entendez ma résolution! faites que j'y sois fidèles!..... Oui, ma bonne, vous allez le voir, on ne s'apercevra plus de la violence de mon caractère..... Je veux profiter de la solitude où je me trouve aujourd'hui, pour réfléchir sur les moyens à prendre pour me corriger..... J'écrirai le résultat de mes réflexions, et ce soir je remettrai le papier à maman, en la priant de me pardonner ma conduite passée, et de m'aider dans la nouvelle carrière où je veux entrer. Je veux aussi demander pardon à mes cousines, à mes sœurs, à Rosine, et dès cet instant, j'ose le dire, personne n'aura plus à se plaindre de moi.

CLOTILDE.

Je l'espère, ma chère amie, et j'ose vous promettre en retour les plus tendres caresses de votre chère maman, et l'amitié de tous ceux qui vous connaissent. Oh! combien vous serez heureuse désormais! j'en pleure de joie. Eh bien! si vous tenez parole et que pendant quinze jours vous ne vous laissiez aller à aucune impatience, je prierai madame de vous mener faire votre paix avec votre bonne-maman.

OCTAVIE. (*L'embrassant.*)

Oh! qu'il est donc vrai que vous êtes ma bonne! ma bien bonne! la douce espérance que vous me donnez rend le calme à mon âme et ne me laisse qu'un seul désir, celui de mériter cette faveur.

CLOTILDE.

Dieu bénira ce désir, mon enfant; car c'est lui qui vous l'inspire : j'espère que vous venez de fonder en ce moment le bonheur de votre vie.

L'ENFANT GÂTÉ.

PERSONNAGES.

Madame Adolphe ST-FIRMIN.
ADOLPHINE, sa fille.
CLÉMENCE, sa belle-sœur.
ANTOINETTE, son amie.
Madame de CLAINVILLE.
MARIA, sa fille.
CÉLESTINE, sa sœur.
Madame Sosthène ST-FIRMIN.
CHARLOTTE, domestique de Mme Adolphe.
JANIE, petite fille pauvre.

L'ENFANT GATÉ.

Scène 1.

Mme ADOLPHE, CHARLOTTE.

Mme ADOLPHE. (*Montrant du doigt à Charlotte un vase de fleurs qui est sur un meuble.*)

Otez ces fleurs, Charlotte : madame de Clainville est très nerveuse et vient d'essuyer une longue et dangereuse maladie, je craindrais qu'elle en fût incommodée ; portez ce vase sur la fenêtre de ma chambre.

CHARLOTTE.

Oui, madame. (*Elle sort.*)

Mme ADOLPHE. (*Seule.*)

Cette dame m'a toujours témoigné tant d'intérêt dans les situations fâcheuses où je me suis trouvée, que je serais au désespoir s'il se trouvait chez moi quelque chose qui pût la contrarier. (*A Charlotte qui rentre.*) Actuellement, Charlotte, tout est assez en ordre ; allez chercher la petite, et vous ferez sa toilette.

CHARLOTTE.

Il suffit, madame.

Mme ADOLPHE.

Ayez-en bien soin, Charlotte; ne la brusquez pas.

CHARLOTTE. (*En sortant.*)

Soyez tranquille, madame, je n'ai pas coutume de la brusquer.

Mme ADOLPHE. (*Seule.*)

La pauvre Charlotte ne se connaît guère. Dans le fond, c'est la meilleure fille du monde; mais elle n'est pas patiente autour des enfants, et ce défaut me fait bien souffrir : enfin, chacun a les siens ; elle n'aurait pas celui-ci, qu'elle en aurait un autre peut-être plus désagréable.....
Heureusement que la petite lui est attachée.

Scène 2.

Mme ADOLPHE, ANTOINETTE.

ANTOINETTE.

Eh bien, ma chère amie, il fait un temps superbe aujourd'hui. Etes-vous disposée à faire une petite course dans la campagne?

Mme ADOLPHE.

Je vous suis obligée de votre attention, ma bonne Antoinette; mais il m'est impossible de sortir : j'attends madame de Clainville et sa sœur qui m'ont fait annoncer leur visite, et vous sentirez que je dois montrer de l'empressement à les recevoir, lorsque vous saurez que sans les bons offices de monsieur de Clainville, j'aurais été, dernièrement, sur la liste des veuves d'officiers à qui la pension a été retranchée.

ANTOINETTE.

Et pour quelle raison, s'il vous plaît?

Mme ADOLPHE.

Parce que le gouvernement ne les a conservées qu'à celles dont les époux avaient eu au moins dix ans de service ou qui étaient morts sur le champ de bataille.

ANTOINETTE.

Je conçois que vous devez être fort empressée à recevoir ces dames, mais je suis fâchée que leur visite n'ait pas eu lieu dans un autre moment; une petite promenade vous eût fait du bien.

Mme ADOLPHE.

J'en suis persuadée, et j'en aurais besoin; car depuis quelque temps les soucis et les inquiétudes de toute espèce ont détruit ma faible santé.

ANTOINETTE.

Auriez-vous eu d'autres chagrins que la mort de monsieur votre cousin?

Mme ADOLPHE.

Hélas! ma chère amie, dans toute autre position, cette mort m'eût été peu sensible; je connaissais à peine ce parent de mon époux qui était très âgé, et qui, dans les rapports assez rares que j'ai eus avec lui, ne m'a pas paru avoir des qualités aimables, capables d'exciter de grands regrets; mais dans la circonstance où je me trouve, cette mort me plonge dans les plus vives inquiétudes.

ANTOINETTE.

Et comment donc, ma chère amie? vous m'étonnez. Pourquoi ne m'avoir pas plus tôt confié vos peines ? j'aurais essayé de les adoucir en les partageant.

Mme ADOLPHE.

Ne m'en veuillez pas, ma chère amie, si j'ai été discrète même envers vous ; ce n'est pas faute de confiance, soyez-en sûre; j'espérais sortir d'embarras, et je ne voulais pas alarmer votre amitié à tort; mais aujourd'hui, je commence à perdre espérance.

ANTOINETTE.

Expliquez-vous, chère Victorine; vous m'alarmez.

Mme ADOLPHE.

Ecoutez-moi, ma bonne Antoinette, et voyez si mes inquiétudes sont justement fondées ! Peu de temps avant la mort de mon Adolphe, les médecins lui ayant conseillé le séjour de la campagne, nous achetâmes de ce cousin qui vient de mourir une petite propriété aux environs de la ville. Mais en déterminant mon mari à faire cette acquisition, je consultai plus mon cœur que les règles de la prudence; car, le peu d'argent que nous avions alors ne nous permettant pas de la payer comptant, il resta seize mille francs, dont je suis encore redevable aux héritiers de ce parent. Je lui dois réellement de la reconnaissance. Soit par attachement à la mémoire de mon Adolphe qui lui avait rendu de grands services, soit par bonté naturelle, il ne m'a jamais demandé les intérêts de cette somme, dont le paiement est échu depuis deux ans. Sans cette indulgence, où en aurais-je été, grand Dieu! Le petit revenu de douze cents francs que me rapporte ce domaine, et les huit cents francs de ma pension, sont entièrement absorbés par les dépenses de mon ménage, l'entretien et l'éducation de ma fille. Or, je sais que l'épouse de ce cousin ne lui ressemble en aucune manière; l'argent est tout pour elle. Je m'attends donc de jour en jour à recevoir de sa part un commandement de payer ma dette. Et que ferai-je alors? je n'ai pas d'argent et point d'amis assez fortunés pour me tirer d'affaire dans cette circonstance. Il faudra donc me voir exproprier, il faudra abandonner ce domaine cultivé avec tant de soin, cette jolie maison que je me suis plue à embellir, et où, vous le savez, mon Adolphine passe dans l'été de si heureux moments. Enfin, il faudra voir cette propriété, mon unique ressource, passer à d'autres qu'à ma fille. O mon Antoinette! je ne puis soutenir cette idée !

ANTOINETTE.

Elle serait accablante, en effet, s'il ne vous restait plus d'espoir ; mais depuis quatre mois que monsieur votre cousin est mort, sa veuve ne vous a pas encore inquiétée, et peut-être n'y pense-t-elle nullement, et vous tourmentez-vous pour des choses qui n'arriveront jamais.

Mme ADOLPHE.

Vain espoir, ma chère amie : cette parente n'est douée d'aucune sensibilité, et son cœur est entièrement mû par l'intérêt ; je sais d'ailleurs qu'elle n'aime ni ma fille ni moi, et certainement elle ne fera pas pour nous le plus léger sacrifice.

ANTOINETTE.

Et quels sont les motifs de la haine que vous lui supposez ?

Mme ADOLPHE.

Ses goûts grossiers et ses manières communes lui font désapprouver l'éducation que je donne à ma chère Adolphine ; il faudrait pour lui plaire que j'accablasse cette petite de travaux fatigants,

que je lui refusasse ses goûts les plus innocents.
Or, je vous demande..... une enfant de neuf
ans !.....

ANTOINETTE.

Puisque vous me demandez mon sentiment,
ma chère amie, je dois vous le dire franchement : il me semble que vous pourriez donner
à votre chère fille une éducation plus raisonnable que celle que vous lui donnez. Elle jouit d'une
très bonne santé, ne manque pas de moyens, et
sans la fatiguer, vous pourriez la faire travailler
davantage, étudier un peu plus. Enfin, chère
Victorine, voulez-vous que je vous dise ma manière de voir : vous en faites un peu un enfant
gâté.

Mme ADOLPHE.

Y pensez-vous, chère amie ? Songez que cette
petite est jeune, délicate malgré son embonpoint
et sa fraîcheur ; qu'elle n'a point de père, point
de fortune, et que son bonheur ne peut venir
absolument que de moi.

ANTOINETTE.

Mais ce bonheur qui doit être effectivement
l'objet de vos vœux les plus chers, ne le compromettez-vous pas en laissant prendre à cette
fille chérie toutes sortes de petites fantaisies qui
ne sont pas propres à la rendre heureuse ?

Mme ADOLPHE.

Et quelles fantaisies, je vous prie? Cette enfant n'est pas capricieuse, mais elle a ses petites volontés comme tous les autres enfants, et quand je puis les lui accorder, pourquoi irais-je les lui refuser?

ANTOINETTE.

Pour la former de bonne heure à l'obéissance, et pour lui apprendre à supporter courageusement les contrariétés sans nombre qui se rencontrent à chaque instant dans la vie. Malgré votre prévoyance et vos soins, vous ne pourrez l'en préserver entièrement, et combien lui seront-elles sensibles si.....

Mme ADOLPHE. (*L'interrompant avec vivacité.*)

Tenez, ma chère amie, on voit bien que vous n'avez jamais eu d'enfants, autrement vous ne raisonneriez pas de la sorte. Pour préserver cette chère petite de maux peut-être imaginaires, j'irais la tourmenter, la rendre malheureuse, lui faire maudire la vie avant de l'avoir goûtée!

ANTOINETTE.

Elle ne serait pas malheureuse quand elle travaillerait un peu plus, et qu'au lieu de vous voir faire ses volontés du matin au soir, elle serait habituée à se soumettre aux vôtres.

Mme ADOLPHE. (*Avec humeur.*)

Vous ne voulez pas me contrarier, je le sais

Antoinette; mais votre inexpérience dans l'éducation des enfants vous donne des idées si ridicules, que.....

ANTOINETTE.

J'ai touché la corde favorite, je vous fâche, chère amie. Ce n'est pas mon intention, je vous assure : excusez donc mon ignorance en faveur de mon zèle ; et dites-moi, je vous prie, si depuis la mort de son époux, madame votre cousine ne vous a rien fait dire. Est-ce elle qui vous avait prévenue de la mort de son mari ? Vous avait-elle alors parlé de cette dette ?

Mme ADOLPHE.

Bonne Antoinette! je suis trop vive avec vous qui êtes si bonne et si aimante. Veuillez me pardonner! malgré ma brusquerie, mon cœur n'en est pas moins sensible à votre généreuse amitié. Je vais vous raconter.....

Scène 3.

Mme ADOLPHE, ANTOINETTE, CHARLOTTE.

CHARLOTTE.

J'ai beaucoup tardé, madame, cependant il n'y a rien de ma faute ; mam'zelle Adolphine ne voulait pas quitter ses jeux... Actuellement, elle est dans votre cabinet ; mais elle ne veut pas que je la peigne.

Mme ADOLPHE.

J'y vais, j'y vais ; excusez-moi, chère Antoinette, je suis à vous dans un instant. (*Elle sort avec Charlotte.*)

Scène 4.

ANTOINETTE. (*Seule.*)

Pauvre Victorine ! que de maux elle se prépare en donnant une aussi mauvaise éducation à sa fille chérie ! Cette petite, volontaire, capricieuse, entêtée et paresseuse, ne lui donnera jamais de satisfaction ! C'est bien dommage assurément, car je lui crois de l'esprit et un assez bon cœur ; avec une éducation raisonnable on en eût fait une personne charmante.

Scène 5.

Mme ADOLPHE, ANTOINETTE.

Mme ADOLPHE. (*En entrant.*)

Charlotte ne sait pas la manière de prendre cette petite ; elle l'obstine pour des riens, tandis qu'il est si facile de lui faire entendre raison !... Vous riez, chère amie, mais rien n'est plus vrai : tenez, à l'heure qu'il est, Charlotte la grondait bien fort, sans pouvoir en obtenir la moindre chose ; je n'ai dit qu'un mot, et tout de suite la pauvre enfant s'est rendue à mes raisons.

ANTOINETTE.

Vous avez promis, sans doute, de lui donner quelque chose si elle consentait à vous obéir.

Mme ADOLPHE.

Pourquoi non? Il faut si peu de chose pour contenter les enfants !

ANTOINETTE.

Veuillez, ma chère Victorine, me dire ce que vous aviez commencé ; il me tarde de savoir où vous en êtes.

Mme ADOLPHE.

Vous êtes trop bonne, chère amie. Vous savez peut-être que ce pauvre monsieur Sosthène de St-Firmin a langui bien longtemps avant de mourir; pendant les six derniers mois surtout de sa misérable existence, il a souffert des douleurs si vives et si multipliées, que ma belle-sœur Clémence est allée partager les soins que lui donnait son épouse; elle s'en est fait aimer beaucoup, car son caractère est si doux, si liant! C'est elle qui, peu de temps après cette mort, m'a écrit en peu de mots. Elle ne me dit presque rien des dispositions de la cousine ; mais le peu qu'elle m'en dit ne me laisse rien entrevoir de bon. J'attendais toujours une seconde lettre, je n'en reçois point, et si je ne connaissais parfaitement Clémence, je croirais que mes intérêts lui sont devenus indifférents.

ANTOINETTE.

Il faut espérer que non, chère Victorine. Cette demoiselle est-elle héritière?

Mme ADOLPHE.

Mon Dieu, non! outre qu'il y a des neveux et nièces qui lui appartiennent de plus près que nous, j'ai ouï dire que sa femme et lui s'étaient faits une donation mutuelle par contrat de mariage.

ANTOINETTE.

Tout cela n'est pas rassurant; néanmoins.....

Scène 6.

Mme ADOLPHE, ANTOINETTE, ADOLPHINE, CHARLOTTE.

ADOLPHINE. (*Elle entre en pleurant.*)

Maman..... Charlotte me contrarie !.....

Mme ADOLPHE.

Qu'as-tu donc, mon cœur?

CHARLOTTE.

Madame, elle veut mettre son chapeau rose, et je lui dis qu'une petite demoiselle doit être nu-tête pour recevoir sa compagnie.

Mme ADOLPHE.

Charlotte a raison, mon cœur. Avec ton chapeau tu aurais l'air d'une petite vieille; il est d'usage d'être toujours coiffée en cheveux lorsqu'on est chez soi.

ADOLPHINE.

Je veux le mettre, moi.....

Mme ADOLPHE. (*En la caressant.*)

Mais tu n'es pas raisonnable, ma Fifine; ne pleure donc pas et écoute la maman; tu es bien plus jolie comme te voilà qu'avec ton chapeau.

ADOLPHINE.

Je sais bien le contraire, moi!..... D'ailleurs, tu m'as dis que pour recevoir la petite demoiselle de Clainville, je serais parée comme les jours de fête; ainsi je veux mettre mon chapeau; elle aura bien le sien !

Mme ADOLPHE.

Sans doute, parce qu'elle sera en visite; mais lorsque nous irons chez sa maman, elle sera tête-nue, et toi tu auras ton chapeau.

ADOLPHINE. (*Toujours pleurant.*)

Je veux le mettre tout de suite.....

Mme ADOLPHE.

Vois donc mademoiselle Antoinette; que va-t-elle penser de toi? elle dira que tu n'es pas sage..... Sèche tes larmes et dis-lui bonjour.

ANTOINETTE.

Viens m'embrasser, mon Adolphine.

ADOLPHINE.

Quand j'aurai mon chapeau; je le veux.

Mme ADOLPHE.

Eh bien, Charlotte, allez le lui mettre; elle

sera moins jolie qu'elle ne l'est actuellement, mais puisqu'elle le veut !.....

CHARLOTTE.

Oui, madame ; venez Adolphine. (*Elles sortent.*

Scène 7.

Mᵐᵉ ADOLPHE, ANTOINETTE.

Mᵐᵉ ADOLPHE.

Qu'il faut de patience avec les enfants ! Ah ! si leurs caresses et leur amitié nous procurent quelques jouissances, elles sont quelquefois payées bien cher par les soucis sans nombre dont elles sont entremêlées : réellement, ma chère Antoinette, j'envie souvent votre heureuse tranquillité dans votre solitude.

ANTOINETTE.

Je sais bien apprécier mon bonheur, je vous assure..... Mais, ma chère Victorine, vous êtes occupée dans ce moment, et ces dames ne peuvent tarder, je me retire ; tâchez donc de surmonter un peu vos inquiétudes et ne vous laissez point abattre ; il faut espérer que vous en serez quitte pour la peur.

Mᵐᵉ ADOLPHE.

Je n'ose m'en flatter. Revenez donc ce soir, ma bonne Antoinette : le courrier n'est pas encore arrivé, peut-être aurai-je alors une lettre à vous communiquer.

ANTOINETTE.

Oui, j'aurai le plaisir de vous revoir lorsque ces dames se seront retirées. (*Elle sort.*)

Mme ADOLPHE. (*Seule.*)
Je pense que ces dames.....

Scène 8.

Mme ADOLPHE, ADOLPHINE.

ADOLPHINE. (*En entrant avec son chapeau.*)
Vois, maman, comme je suis belle.

Mme ADOLPHE.
Tu étais encore plus jolie coiffée en cheveux.

ADOLPHINE.

Tu dis cela pour me contrarier, j'en suis sûre..... Eh bien! si je ne suis pas belle, je ne veux pas voir les dames, et je vais aller au jardin.

Mme ADOLPHE. (*En souriant.*)

Enfant! tu es belle comme un astre..... Regarde la maman. (*Elle l'embrasse.*) Ah çà, tu vas être bien polie avec ces dames, autrement elles se moqueraient de toi; car la petite Maria est très aimable.

ADOLPHINE.
Aussi est-elle plus grande que moi.

Mme ADOLPHE.

Non, elle est de ton âge, mais elle est très studieuse et bien obéissante. Je suis sûre qu'elle sait un grand nombre de jolies fables par cœur.

ADOLPHINE. (*D'un air moqueur.*)

Elle est très savante assurément!..... j'en sais aussi beaucoup, moi, et de plus je sais de très jolies chansons.

Mme ADOLPHE.

Ah! oui, et tu les chantes fort bien; si ces dames t'en demandent une, il faudra la chanter sans te faire prier.

ADOLPHINE.

Oui, maman; laquelle me conseilles-tu de chanter?

Mme ADOLPHE.

Celle que tu voudras, mon cœur.

ADOLPHINE.

Non, je préfère m'en rapporter à ton goût.

Mme ADOLPHE.

Eh bien chante la *Normandie;* l'air est joli, et tu t'en tires très bien.

ADOLPHINE.

Elle est trop ancienne; elle a retenti dans tous les coins de la ville. J'aime mieux chanter *Souvenirs du jeune âge*.

Mme ADOLPHE.

Tu as raison, ma bonne petite; veux-tu la dire pour t'exercer?

ADOLPHINE.

Si je la dis actuellement, je ne chanterai pas devant les dames.

Mme ADOLPHE.

Eh bien! ne chante pas actuellement, ma belle. (*Elle la serre contre son cœur.*) Embrasse ta maman.

ADOLPHINE. (*Se débattant.*)

Laisse-moi donc, tu me décoiffes. (*Après un moment de silence.*) Je voudrais que Janie vînt pour s'amuser avec moi.

Mme ADOLPHE.

Cela ne se peut pas, mon cœur. Ces dames vont entrer dans un instant, et Janie est une petite fille turbulente qui dérange tout.

ADOLPHINE. (*Avec humeur.*)

Elle ne dérangera rien; je veux qu'elle vienne.

Mme ADOLPHE.

Y penses-tu, ma Fifine; Maria ne la connaît pas, et ce serait impoli de mettre cette petite dans sa société.

ADOLPHINE.

Je me soucie bien de mademoiselle Maria; j'aime mieux Janie, et je la veux.

Mme ADOLPHE.

Après que ces dames se seront retirées, Charlotte ira la chercher.

ADOLPHINE. (*En pleurant.*)

Que je suis malheureuse ! tu ne veux jamais m'accorder ce que je te demande.

Mme ADOLPHE.

Ne pleure donc pas, Mimi; écoute, je vais la faire venir, mais tu seras bien sage, et vous irez jouer au jardin.

ADOLPHINE.

Non, nous jouerons ici. Sois donc tranquille, nous ne dérangerons rien.

Scène 9.

Mme ADOLPHE, ADOLPHINE, CHARLOTTE.

Mme ADOLPHE. (*Appelant.*)

Charlotte !

CHARLOTTE.

Que veut madame ?

Mme ADOLPHE.

Allez dire à la petite Janie de venir jouer avec Adolphine.

CHARLOTTE.

La petite Janie ! vous savez, madame, combien elle est turbulente ; lorsqu'elle vient ici, elle met tout sens dessous.

Mme ADOLPHE.

Accoutumez-vous donc voir, Charlotte, à m'obéir sans raisonner ; je n'ai pas de compte à vous rendre de mes volontés. (*Charlotte sort.*)

(*A Adolphine.*) Je fais tout ce que tu veux, bijou; aussi tu m'aimeras bien, n'est-ce pas?

ADOLPHINE. (*Passant ses bras autour du cou de sa mère.*)

Oh! oui, ma petite maman.

Scène 10.

Mme ADOLPHE, ADOLPHINE, JANIE.

JANIE.

Bonjour, madame St-Firmin, bonjour Adolphine.

Mme ADOLPHE.

Bonjour, ma petite Janie; amuse-toi avec Adolphine, mais bien tranquillement et sans bruit.

JANIE.

Oui, madame.

ADOLPHINE.

Viens, Janie, nous allons faire une petite maison pour nos poupées; apporte les chaises. (*Elles mettent toutes les chaises près les unes des autres et en forment un rond au milieu de la chambre.*) Allons actuellement chercher nos jouets, viens avec moi. (*Elles apportent des jouets et des poupées et en garnissent toutes les chaises; Mme Adolphe les regarde d'un air soucieux.*)

Mme ADOLPHE.

Faites un autre jeu, mes enfants; vous dérangez le salon.

ADOLPHINE.

Nous ne faisons pas de mal, ce sera bientôt rangé lorsque nous cesserons de jouer. (*A Janie.*) Pendant que nos petites filles sont tranquilles, poursuivons-nous autour des chaises.

JANIE.

Allons. (*Elles courent avec bruit autour des chaises.*)

Mme ADOLPHE.

Finissez donc, enfants, vous faites un nuage de poussière; vous avez assez joué aujourd'hui, Charlotte va ranger le salon.

ADOLPHINE. (*En grognant.*)

Non, non, pas encore.

Scène 11.

Mme ADOLPHE, ADOLPHINE, Mme DE CLAINVILLE, MARIA, Mlle CÉLESTINE, CHARLOTTE et JANIE.

CHARLOTTE. (*En entrant.*)

Les dames de Clainville!

Mme DE CLAINVILLE.

J'ai l'honneur de vous saluer, madame.

Mme ADOLPHE. (*D'un air embarrassé.*)

Ah! mon Dieu! mesdames, je suis au désespoir de vous recevoir dans une chambre ainsi en désordre.... il n'y a qu'un moment.... Charlotte, présentez des siéges à ces dames? (*Charlotte débarrasse les chaises, les présente et sort.*)

Mme DE CLAINVILLE.

N'y faites pas attention, madame; il est impossible de tenir un appartement en ordre lorsqu'il y a des enfants.

Mme ADOLPHE.

Veuillez vous asseoir, mesdames. (*On s'assied. — A Janie, à demi voix.*) Va-t-en, ma petite.

ADOLPHINE. (*A Janie.*)

Tu reviendras lorsque ces dames seront parties, n'y manque pas.

CÉLESTINE.

Nous dérangeons ces enfants, madame, j'en suis fâchée..... Mademoiselle Adolphine a beaucoup grandi depuis que j'ai eu le plaisir de la voir.

Mme ADOLPHE.

Elle est assez grande pour son âge; mademoiselle Maria est bien grande aussi, et ce qui vaut mieux encore, elle paraît très raisonnable.

Mme DE CLAINVILLE.

Raisonnable comme on l'est à son âge, madame; elle n'est pas toujours aussi tranquille qu'elle le paraît actuellement.

CÉLESTINE.

Cela ne vaudrait rien, il faut de l'exercice aux enfants.

Mme ADOLPHE.

Sans doute. (*A madame de Clainville.*) Si vous le permettez, madame, elles iront ensemble faire un tour de jardin.

Mme DE CLAINVILLE.

Bien volontiers, madame; Maria ne demandera pas mieux, j'en suis sûre.

MARIA.

Oh! oui, maman, je serai enchantée de m'amuser avec mademoiselle Adolphine.

Mme ADOLPHE. (*Appelant.*)

Charlotte!

Scène 12.

LES MÊMES, CHARLOTTE.

CHARLOTTE.

Que me veut madame?

Mme ADOLPHE.

Prenez une ombrelle, et vous mènerez ces petites demoiselles faire un tour de jardin. (*Maria se lève.*)

ADOLPHINE.

Je ne veux pas y aller, il fait trop chaud.

Mme ADOLPHE.

Comment, Adolphine! tu ne veux pas aller te promener avec mademoiselle Maria qui le désire?

ADOLPHINE.

Qu'elle aille avec Charlotte, moi je n'aime pas me promener au soleil.

Mme DE CLAINVILLE.

Je vous prie, madame, ne contrariez pas cette chère enfant; il fait effectivement très chaud, et Maria qui n'aurait désiré être au jardin que pour se promener avec mademoiselle Adolphine, peut également la voir ici.

Mme ADOLPHE.

Oh! Adolphine, tu n'es pas sage. Je vous prie de l'excuser, mesdames; toute la matinée elle s'est plainte d'un violent mal de tête.

ADOLPHINE.

Mais non, je n'ai pas été malade aujourd'hui, c'est hier.

Mme DE CLAINVILLE.

Si la pauvre petite est sujette à la migraine, elle a raison de ne pas sortir au soleil, la chaleur la lui donnerait bien certainement. (*Charlotte sort.*)

CÉLESTINE.

J'ai ouï dire, ma petite Adolphine, que vous aviez une très jolie voix; voudriez-vous chanter une petite chanson?

Mme ADOLPHE.

Elle n'a pas une bien belle voix, mademoiselle, mais néanmoins elle chantera volontiers si cela vous fait plaisir. Allons, mon cœur, dis une petite chanson à ces dames.

ADOLPHINE.

Je ne sais pas chanter, ces dames se moqueraient de moi.

Mme DE CLAINVILLE.

Nous moquer de vous, ma petite amie ! vous n'y pensez pas ! oh ! non certes ; nous admirerons votre voix et votre complaisance.

CÉLESTINE.

Allons, ma petite Adolphine, nous écoutons de toutes nos oreilles.

ADOLPHINE.

C'est bien inutile, car je ne chanterai pas.

Mme ADOLPHE.

Fi, Adolphine ! ce que tu fais là est bien laid, je ne t'aimerai plus.

ADOLPHINE.

Dès que je ne le puis pas, encore une fois !

Mme DE CLAINVILLE.

Ne la grondez pas, madame, les enfants ont leurs petits caprices.

Mme ADOLPHE.

Oh ! je ne pense pas que ce soit par caprice qu'elle refuse de chanter ; elle est très enrhumée. Eh bien ! mon cœur, pour montrer ta bonne volonté à ces dames, récite-nous une petite fable.

CÉLESTINE.

Ah! oui, une petite fable nous fera plaisir.

ADOLPHINE.

Vous savez, j'en suis sûre, toutes celles que je pourrais vous dire.

CÉLESTINE.

Peut-être que non; mais les saurions-nous, que nous aurions toujours beaucoup de plaisir à vous les entendre réciter.

ADOLPHINE. (*D'un ton moqueur.*)

Un beau plaisir d'entendre ce que l'on sait!

Mme DE CLAINVILLE. (*A part.*)

Sotte enfant.

Mme ADOLPHE.

Récite à ces dames la fable du *Petit Savoyard*. Peut-être ne la savent-elles pas?

CÉLESTINE.

Oh! non, ma petite Adolphine, nous ne la savons pas, et elle nous fera bien plaisir.

ADOLPHINE.

Je ne veux pas la réciter, elle est trop longue.

Mme ADOLPHE.

Dis *la Brebis et le Chien.*

CÉLESTINE.

Elle nous est encore inconnue.

ADOLPHINE.

Je n'en dirai point du tout; je n'aime pas réciter les fables.

Mme DE CLAINVILLE. (*En riant.*)

C'est positif. Ainsi laissons-la tranquille, cette chère petite.

Mme ADOLPHE.

Tu fais la sotte, Adolphine; je suis sûre que mademoiselle Maria est plus obéissante et qu'elle va chanter une petite chanson ou réciter une fable.

Mme DE CLAINVILLE.

Elle ne chantera pas, madame, car elle manque absolument de voix. Mais puisque vous le désirez, elle va réciter une fable. Dis-nous, Maria, la fable du *Tournesol et la Violette*.

MARIA.

* Jetez-vous à mes pieds et baisez la poussière.
C'est ainsi qu'aux fleurs d'un jardin
Parlait un Tournesol, levant sa tête altière,
Et ne laissant tomber qu'un regard de dédain
Sur la rose, l'œillet, le lis et le jasmin.
Les fleurs ne bougeaient pas, elles restaient muettes.
Comment! ajouta-t-il, pouvez-vous ignorer
Que c'est un maître ici qui parle à des sujettes?
Empressez-vous de m'honorer.
Toujours même refus, toujours même silence.
Quoi! mon titre de majesté,
Poursuit le matador avec plus d'arrogance,
Par vous serait-il contesté?
Connaissez ma grandeur, mon rang et ma puissance:
Je suis l'image de Phébus;

---

* Fable de M. le Bailly.

ADOLPHINE. (*L'interrompant en chantant.*)

Air connu.

Souvenirs du jeune âge
Sont gravés dans mon cœur,
Et je pense au village
Pour rêver le bonheur.

CÉLESTINE.

Ah! que mademoiselle Adolphine est aimable! et qu'elle chante bien! Tais-toi, Maria.

ADOLPHINE.

Eh bien! puisque l'on m'écoute, je ne chanterai plus.

Mme DE CLAINVILLE. (*A part.*)

Insupportable petite fille! (*Haut.*) Nous n'écouterons plus; continuez, ma petite amie.

ADOLPHINE.

Non, non, on m'écouterait; et je ne puis pas chanter lorsqu'on m'entend.

CÉLESTINE.

Nous allons faire la conversation pendant que vous chanterez.

ADOLPHINE.

C'est inutile..... Je ne chanterai pas, je l'ai dit.

CÉLESTINE.

J'en suis bien fâchée; car votre voix est fort jolie, et nous aurions eu beaucoup de plaisir à vous entendre.

Mme ADOLPHE.

Je ne sais réellement ce que tu as aujourd'hui, Adolphine, je ne te reconnais plus. (*Aux dames de Clainville.*) Je vous prie de l'excuser, mesdames, elle est toute malade.

Mme DE CLAINVILLE.

La pauvre petite est bien excusable, en effet : nous l'avons dérangée dans ses jeux, et les enfants ne sont pas de bonne humeur lorsqu'on les dérange. (*A Adolphine.*) Vous allez reprendre vos plaisirs, ma petite amie, nous allons nous retirer.

ADOLPHINE.

Maman, je vais auprès de Janie.

Mme ADOLPHE.

Petite sotte! (*Aux dames de Clainville.*) Vous vous retirez déjà, mesdames; vous venez d'entrer.

Mme DE CLAINVILLE.

Vous êtes trop bonne, madame; il y a longtemps que nous sommes sorties, et notre présence est absolument nécessaire à la maison.

Mme ADOLPHE.

Veuillez offrir mes respects à M. de Clainville.

Mme DE CLAINVILLE.

Je vous remercie pour lui, madame.

MARIA.

Adieu, mademoiselle Adolphine.

ADOLPHINE. (*Sans la regarder.*)

Adieu, mademoiselle Maria.

Scène 13.

Mme ADOLPHE, ADOLPHINE.

Mme ADOLPHE.

Je suis bien mécontente de toi, Adolphine; tu n'as pas été raisonnable devant ces dames.

ADOLPHINE. (*Avec humeur.*)
Tu me grondes toujours; qu'ai-je donc fait?

Mme ADOLPHE.

Tu as été sotte et capricieuse. Pourquoi as-tu refusé de chanter lorsque ces dames t'en ont priée?

ADOLPHINE.

Parce que je n'en avais nulle envie; crois-tu que ce soit bien agréable de chanter devant le monde?

Mme ADOLPHE.

Tu ne l'as pas craint puisque tu as interrompu mademoiselle Maria, ce qui était très impoli; mais je suppose que tu aies eu de la répugnance à le faire, tu aurais dû la surmonter: une petite fille qui aime sa maman sait faire pour elle quelques sacrifices.

ADOLPHINE.

Je ne t'aime peut-être pas, voyons?

Mme ADOLPHE.

Non : si tu m'aimais, tu m'obéirais et tu ne me couvrirais pas de confusion devant des dames que je considère.

ADOLPHINE. (*En pleurant.*)

Peux-tu dire que je ne t'aime pas, grand Dieu !..... C'est bien toi qui ne m'aime guère ; je voudrais être morte.

Mme ADOLPHE.

Malheureuse enfant ! tu me déchires le cœur ! Je ne t'aime pas, dis-tu ? moi qui ne vis que pour toi, moi dont les pensées et les désirs n'ont pour but que ton bonheur !

ADOLPHINE.

Tu me grondes pour des riens, depuis le matin jusqu'au soir.

Mme ADOLPHE.

Sois sage, et je ne te gronderai plus... Allons, viens promettre à la maman que tu seras plus obéissante, et faisons la paix. (*Elle tire à elle Adolphine pour l'embrasser.*)

ADOLPHINE. (*Se retirant un peu.*)

Mais je ne chanterai pas en compagnie, d'abord.

Mme ADOLPHE.

Non, tu ne chanteras pas, mais tu seras complaisante et polie.

ADOLPHINE.

Je ne réciterai point de fables, et je n'irai pas au jardin lorsqu'il fera du soleil.

Mme ADOLPHE.

Eh bien! non; mais tu seras gentille, n'est-ce pas?

ADOLPHINE.

Oui, mais je veux aller auprès de Janie.

Mme ADOLPHE.

Nous allons plutôt l'envoyer chercher.

ADOLPHINE.

J'aime mieux aller près d'elle.

Mme ADOLPHE.

Ses petits frères te contrarieront.

ADOLPHINE.

Non, il ne me contrarieront pas; je veux y aller. (*Elle fait quelques pas pour sortir.*) J'y vais.

Mme ADOLPHE.

Attends un peu, Charlotte va te conduire. (*Elle appelle.*) Charlotte!

Scène 14.

Mme ADOLPHE, ADOLPHINE, CHARLOTTE.

CHARLOTTE.

Que me veut madame?

Mme ADOLPHE.

Vous allez conduire Adolphine auprès de Janie. (*A Adolphine.*) Prends bien garde à ne

pas te faire de mal, bijou; ne te salis pas......
quitte ton chapeau, tu vas le gâter.

MME ADOLPHE.

Non, je ne le gâterai pas; je veux le garder.

Mme ADOLPHE.

Charlotte, recommandez à la mère Dorval de faire bien attention à cette chère petite, qu'elle en ait bien soin.

ADOLPHINE.

Pourquoi donc tant de recommandations? est-ce que je ne suis pas assez grande pour me gouverner moi-même? (*Elle va pour sortir.*)

Mme ADOLPHE.

Tu sors ainsi, ma Fifine, sans dire adieu à la maman.

ADOLPHINE. (*En embrassant sa mère.*)
Adieu, maman.

Mme ADOLPHE.

Adieu, mon ange, ma belle, ma joie, mon trésor. (*Seule.*) Chère petite amie, que je l'aime! j'ai du regret de l'avoir fait pleurer; si elle allait tomber malade, je ne me le pardonnerais pas!

CHARLOTTE. (*En rentrant.*)

Madame, la mère Dorval aura bien soin de mademoiselle Adolphine, elle vous prie d'être tranquille.

Mme ADOLPHE.

C'est bon. Cette pauvre petite est toute chagrine, elle a beaucoup pleuré ; je l'ai trop grondée ! les petits caprices qu'elle a fait paraître devant ces dames m'avaient impatientée..... Je sais que Mme de Clainville est très susceptible... Que je suis donc ennuyée !....

CHARLOTTE.

C'est assez désagréable, en effet, et cette dame sera peut-être mécontente.

Mme ADOLPHE.

Elle aurait bien tort, car, après tout, un enfant est un enfant ; on sait que cet âge n'est pas celui de la raison.

CHARLOTTE.

Sa petite demoiselle paraît si douce ! si obéissante !

Mme ADOLPHE.

Elle ne me plaît pas cette petite, elle fait trop la précieuse ; je veux plus de franchise et d'abandon dans une enfant.... Mais n'en parlons plus, cela me fatigue..... Charlotte, vous allez ranger le salon, et moi je vais aller chez mademoiselle Antoinette. Si Adolphine rentrait, vous me l'amèneriez ou vous viendriez me chercher.

CHARLOTTE.

Oui, madame. (*Seule.*) Pauvre mère, vous n'êtes pas au bout de vos contrariétés. Que de chagrins elle se prépare, grand Dieu, par les caprices qu'elle souffre à sa fille !..... Ah ! que la pauvre enfant est malheureuse d'avoir perdu son père! il n'aurait pas souffert ses fantaisies, lui ; car c'était un homme d'esprit et de bon sens : aussi en aurait-il fait une demoiselle charmante, tandis qu'elle sera une sotte toute sa vie. C'est bien malheureux au moins! mais comment y remédier? il n'y a pas moyen de faire aucune observation à madame, les paroles de sa fille sont autant d'oracles. (*On entend sonner.*) Mais on sonne, je crois; notre petite demoiselle est sans doute lasse de sa compagnie. (*Elle sort pour ouvrir et rentre incontinent avec Clémence.*)

Scène 15.

CLÉMENCE, CHARLOTTE.

CHARLOTTE. (*En entrant.*)

Veuillez vous assseoir, mademoiselle; je vais aller chercher madame.

CLÉMENCE.

Je suis fâchée de la déranger, mais cependant je serai bien aise de la voir. (*Seule.*) Chère Victorine!..... elle ne s'attend guère à la bonne nouvelle que je lui apporte; quel bonheur pour moi de calmer en un instant toutes ses inquiétudes!..... Ah! que n'ai-je pu le faire plus tôt!

Scène 16.

Mme ADOLPHE, CLÉMENCE.

Mme ADOLPHE. (*Embrassant Clémence.*)

C'est vous, chère Clémence ! est-il bien possible, grand Dieu ! ne me trompé-je pas ?

CLÉMENCE.

Non, ma bonne Victorine ; c'est bien moi qui ai le plaisir de vous serrer dans mes bras.

Mme ADOLPHE.

Que je suis agréablement surprise, ma bonne sœur ! j'étais loin de m'attendre à une pareille visite ; et par quel heureux hasard vous trouvez-vous ici ?

CLÉMENCE.

Je suis venue tout exprès, ma bonne amie.

Mme ADOLPHE.

Avant tout, chère Clémence, vous allez prendre quelques rafraîchissements en attendant le dîner.

CLÉMENCE.

Je vous suis obligée, ma sœur : la diligence s'est arrêtée à deux lieues d'ici, je n'ai besoin de rien du tout.

Mme ADOLPHE.

Je vous supplie, ma chère amie !

CLÉMENCE.

Non, ma bonne. Permettez-moi de vous dire

à l'instant même le sujet de mon voyage; vous serez contente, j'en suis sûre. J'ai eu, comme je vous l'ai mandé dans le temps, la douleur de voir expirer notre parent dans mes bras. Malgré son extérieur grossier et ses manières communes, j'avais reconnu en lui un fonds de bonté qui m'avait attachée, et qui m'a rendue très sensible à sa perte. Pendant les derniers jours de sa vie, sa confiance en moi était sans bornes, et si j'eusse voulu profiter de l'ascendant que j'avais sur lui, il m'eût été facile d'en obtenir les plus grands avantages : mais mon ambition est très bornée, ou pour mieux dire, je n'en ai pas; car mes modiques revenus, suffisant à mes besoins et au-delà, ne me laissent rien à désirer. Aussi n'ai-je accepté de ce cher cousin que quelques petits cadeaux à titre de souvenir. Mais, ma chère Victorine, si je n'ai pas pensé à mes intérêts, je n'ai pas oublié les vôtres et ceux de l'enfant du frère qui me fut si cher...

Choisissant un instant où l'absence de la cousine me laissait la liberté de m'épancher librement avec lui, je lui peignis vivement vos inquiétudes et la triste position dans laquelle vous vous trouviez. L'amitié, je crois, me rendit éloquente; car à peine eus-je fini, qu'il se fit apporter une feuille de papier timbré, et écrivit cette quittance en bonne forme, qu'il me donna pour vous remettre. (*Lui présentant un papier.*) La voici, ma Victorine : vivez en paix, heureuse et tranquille ; personne ne vous inquiétera.

Mme ADOLPHE. (*Lui prenant la main avec transport.*)

O ma Clémence ! ma sœur ! mon amie ! vous me rendez la vie en me permettant de porter sans crainte mes regards sur l'avenir !... Et notre cousine sait-elle ?...

CLÉMENCE.

Notre cousine ignore absolument ce qui s'est passé, tout s'est fait dans le plus grand secret. C'est même la raison qui m'a empêché de vous en instruire plus tôt ; continuellement surveillée ou par elle ou par sa bonne, il m'eût été difficile de vous écrire sans être aperçue, et il ne fallait pas qu'elle pût rien soupçonner. Voyez cette date, elle est bien antérieure à la maladie de notre cousin ; il l'a mise ainsi afin d'éloigner de qui que ce soit la pensée qu'il vous fait un cadeau.

Mme ADOLPHE.

Les paroles me manquent pour vous exprimer ma gratitude, ma bien-aimée sœur. Et comment avez-vous pu entreprendre ce voyage et quitter madame Sosthène ?

CLÉMENCE.

Depuis longtemps je l'aurais fait, sans les pressantes recommandations de mon cousin, qui m'avait suppliée de ne pas la laisser seule en proie à sa douleur. J'ai tenu religieusement ma parole jusqu'à ce que j'en ai été dégagée. Notre cousine, après avoir donné quelques semaines aux larmes et aux cérémonies de bienséance, s'est occupée sérieusement de ses affaires, qu'elle tient dans un ordre parfait. Je voulais la quitter alors, elle s'y opposa ; je n'insistai pas. Mais il y a aujourd'hui huit jours qu'elle est partie pour faire elle-même des rentrées de fonds, et je lui ai annoncé que j'allais venir passer quelque temps près de vous. Je ne serais pas surprise qu'elle vînt bientôt ici. Elle fait part elle-même toutes ses affaires ; et comme elle ignore absolument la quittance, elle voudra régler avec vous.

Mme ADOLPHE.

Qu'elle vienne quand elle voudra, je ne la crains guère, grâce à vous, ma chère sœur. Sans votre prévoyante bonté, où en serais-je, grand Dieu ! que serait devenue ma chère Adolphine ?

CLÉMENCE.

L'empressement où j'étais de vous tirer d'inquiétude m'a fait oublier pour un instant cette chère petite. Où est-elle, je vous prie ? je brûle d'envie de la voir.

Mme ADOLPHE.

Elle est à deux pas d'ici, dans la maison voisine; je vais l'envoyer chercher. (*Elle appelle.*) Charlotte !

Scène 17.

Mme ADOLPHE, CLÉMENCE, CHARLOTTE.

CHARLOTTE. (*En entrant.*)

Que me veut madame?

Mme ADOLPHE.

Allez chercher Adolphine, et amenez-la promptement.

CHARLOTTE.

Il y a bien peu de temps qu'elle est sortie, madame? croyez-vous qu'elle veuille revenir?

Mme ADOLPHE.

Quelle question me faites-vous? Dites-lui que sa tante Clémence est arrivée, elle sera bientôt ici. (*Charlotte sort.*) Quoiqu'il y ait déjà un an qu'elle ne vous a pas vue, ma sœur, je suis sûre qu'elle ne vous a pas oubliée.

CLÉMENCE.

Elle est assez grande pour se rappeler facilement d'une année.

Scène 18.

Mme ADOLPHE, CLÉMENCE, ADOLPHINE, CHARLOTTE.

ADOLPHINE. (*Avant d'entrer.*)

Laissez-moi tranquille, Charlotte ; j'entrerai

si je veux... Il est inutile de me tirer par le bras, vous me faites mal. (*Elles entrent.*)

Mme ADOLPHE.

Ne la serrez pas ainsi, Charlotte ; que vous êtes brusque !

CHARLOTTE.

Il a bien fallu la tirer par le bras, puisqu'elle ne voulait pas revenir.

Mme ADOLPHE. (*A part.*)

Vilaine fille ! (*Haut.*) Viens, mon Adolphine, viens voir ta chère tante Clémence qui a toujours été si bonne pour toi.

CLÉMENCE.

Viens m'embrasser, ma chère petite amie. (*La regardant avec amitié.*) Qu'elle a grandi ! qu'elle a pris bonne façon !

(*Adolphine paraît très indifférente.*)

Mme ADOLPHE.

Tu n'oses donc pas faire des caresses à ta bonne tante que tu aimes tant ? Ne crains rien, embrasse-la de tout ton cœur.

ADOLPHINE.

Je ne la connais pas seulement.....

CLÉMENCE.

Tu ne me reconnais pas ! moi qui ai fait tant de robes et de chapeaux à tes poupées, l'année dernière.

ADOLPHINE.

Eh bien, il faudra faire un chapeau, un bonnet et des bas à ma grande poupée.

CLÉMENCE.

Oui, mon cœur, je ferai tout ce que tu voudras.

ADOLPHINE.

Maman, va donc chercher dans ta commode un morceau de gros de Naples pour faire un chapeau.

Mme ADOLPHE.

Une autre fois, Mimi! ta tante est fatiguée aujourd'hui; elle vient de très loin.

ADOLPHINE.

Mais ce n'est pas fatigant de faire un chapeau de poupée; au contraire. N'est-ce pas, ma tante?

CLÉMENCE.

Tu es expéditive, ma petite amie; demain je te ferai toutes sortes de belles choses, mais aujourd'hui je ne le puis pas.

ADOLPHINE.

Si vous ne voulez rien faire pour moi, je ne vous aimerai pas.

Scène 19.

LES MÊMES, ANTOINETTE.

ANTOINETTE.

Mesdames, j'ai l'honneur..... Mais que vois-je ? mademoiselle Clémence !

CLÉMENCE.

Ah ! mademoiselle, je suis enchantée de vous voir !

ADOLPHINE.

Il faut faire mon petit chapeau, d'abord.

Mme ADOLPHE.

Finis donc, Adolphine (*A Antoinette.*) Ah ! ma chère amie, que je suis heureuse ! grâce à mon aimable Clémence, toutes mes inquiétudes sont calmées.

ANTOINETTE.

Serait-il possible ? quel bonheur ! et comment donc ?

Mme ADOLPHE.

Regardez, chère amie, une quittance en bonne forme que cette chère sœur a obtenue de mon cousin.

ANTOINETTE.

Que je vous embrasse et vous félicite, ma Victorine. Ah ! mademoiselle Clémence, permettez-moi de vous embrasser ; je suis aussi reconnaissante que si ce service m'eût été rendu à moi-même.

CLÉMENCE.

Ce sentiment prouve la bonté de votre cœur, mademoiselle.

Mme ADOLPHE.

Ma chère Antoinette, auriez-vous pu penser ce matin, lorsque vous compatissiez à mes peines, qu'elles fusssnt si près de leur fin? (*Regardant sa quittance.*) Oh! cher papier! gage précieux de la tendresse de ma sœur!

ADOLPHINE.

Fais voir ce papier, maman. (*Elle veut le prendre.*)

Mme ADOLPHE.

Laisse, laisse, ma fille, ne le touche pas; tu pourrais le froisser.

ADOLPHINE. (*L'arrachant des mains de sa mère.*)

Je veux le voir.

Mme ADOLPHE.

Donne-le-moi, enfant, donne vite.

ADOLPHINE. (*Se retirant.*)

Non, non, tu ne l'auras plus.

CLÉMENCE.

Obéis donc, ma petite amie.

Mme ADOLPHE.

Ne badine pas, Adolphine; remets-moi ce papier, c'est toute ma fortune.

ADOLPHINE. (*Elle court en riant.*)

Ce papier, ta fortune! une grande fortune, vraiment!... Tiens, la voilà, ta fortune. (*En disant ces mots elle déchire la quittance en plusieurs morceaux, les jette à terre et regarde tout le monde en riant d'un air niais.*)

Mme ADOLPHE.

Ah! malheureuse enfant! qu'as-tu fait? O désespoir! (*Elle ramasse les morceaux de papier.*) — *D'un air découragé.*) Impossible de les réunir. Hélas! hélas!

CLÉMENCE.

O Dieu! quel malheur! Hélas!

ADOLPHINE. (*D'un air moqueur.*)

Un beau malheur, réellement.

ANTOINETTE.

Fallait-il se réjouir sitôt? Hélas!

CLÉMENCE.

Tu es une petite sotte; tu feras le malheur de ta mère.

Mme ADOLPHE.

Elle me fera mourir!

ADOLPHINE. (*En pleurant.*)

Il y aura bien de quoi, vraiment!..... Peut-on me faire pleurer ainsi pour un méchant morceau de papier..... on ne m'aime pas.

Mme ADOLPHE.

Si je t'avais moins aimée, je serais peut-être plus heureuse et toi aussi!

CLÉMENCE.

Il ne fallait pas moins l'aimer, mais l'aimer d'une manière plus raisonnable ; si vous n'y remédiez promptement, elle vous rendra la plus malheureuse des mères.

Scène 20.

LES MÊMES, CHARLOTTE.

CHARLOTTE.

Madame, une vieille dame en deuil demande à vous parler.

Mme ADOLPHE.

Ciel ! c'est madame Sosthène ; où me cacher, grand Dieu !

CLÉMENCE.

Il est impossible de lui refuser la porte ! Charlotte, faites entrer ; nous essaierons..... Mais, hélas ! qu'essaierons-nous ? Hélas ! hélas !

Scène 21.

Mme ADOLPHE, ADOLPHINE, CLÉMENCE, ANTOINETTE, Mme SOSTHÈNE DE SAINT-FIRMIN.

Mme SOSTHÈNE.

Mesdames, j'ai l'honneur de vous saluer. Vous êtes ici, Clémence ! depuis quand êtes-vous arrivée ?

CLÉMENCE.

Il n'y a qu'un instant, ma cousine; nous nous sommes suivies de près.

Mme ADOLPHE. (*Présentant un siége.*)

Veuillez vous asseoir, madame, je vous prie.

Mme SOSTHÈNE.

Je vous suis obligée, je descends de voiture à l'instant même, et je suis lasse d'être assise; puisque je vous trouve toutes debout, mesdames, souffrez que j'y reste aussi.

Mme ADOLPHE.

Comme vous voudrez, madame; je serais au désespoir de vous contrarier.

CLÉMENCE.

Vous devriez cependant être fatiguée, ma cousine; car vous avez beaucoup voyagé, depuis huit jours que vous avez quitté votre maison.

Mme SOSTHÈNE.

Il me tarde bien d'y rentrer, je vous assure; car je n'aime pas à sortir : mais il faut faire ses affaires, et je suis seule pour cela à présent que j'ai perdu... (*Elle s'essuie les yeux.*)

Mme ADOLPHE.

Je prends bien part à votre peine, madame.

Mme SOSTHÈNE.

Je vous suis obligée, madame..... Mais nous avons un petit compte à faire ensemble, et vous me feriez plaisir de vouloir le régler actuellement ; car je veux repartir aujourd'hui même.

Mme ADOLPHE.

Vous n'y pensez pas, madame ; j'espère que vous ne me refuserez pas le plaisir de vous posséder quelques jours chez moi.

Mme SOSTHÈNE.

Vous êtes trop bonne, madame ; c'est une chose impossible, des affaires pressantes réclament ma présence à la maison ; ainsi, si vous le vouliez bien... Vous savez, je pense, où nous en sommes. (*Tirant une liasse de papiers de sa poche.*) Au surplus, j'ai apporté l'acte de vente, et si vous aviez fait quelques paiements que j'ignorasse, ce que je ne crois pas, veuillez me faire le plaisir de me présenter vos quittances.

Mme ADOLPHE.

Ah! madame, vous me trouvez toute bouleversée! Au moment où vous êtes entrée, il venait de m'arriver un accident qui serait un malheur affreux, si j'avais affaire à tout autre qu'à vous.

Mme SOSTHÈNE.

Que voulez-vous dire, madame? expliquez-vous.

Mme ADOLPHE.

Mes affaires étaient parfaitement en règle, madame ; j'avais de monsieur votre mari une quittance définitive, et, comme je la montrais à ces dames, ma petite fille, qui n'en connaissait pas la valeur, l'a prise de mes mains et l'a déchirée.

Mme SOSTHÈNE.

Et à quelle époque avez-vous fait votre dernier paiement, madame? je n'en ai pas ouï parler, et mon mari me confiait toutes ses affaires.

Mme ADOLPHE.

Il est aisé de vous convaincre de la vérité de ce que j'avance, madame; daignez jeter les yeux sur ces morceaux de papier, et vous verrez que je ne cherche point à vous tromper.

Mme SOSTHÈNE. (*Prenant les morceaux de papier et les examinant avec soin.*)

La date de cette quittance est bien antérieure à la maladie de mon époux; et la veille du jour où il se mit au lit pour n'en plus sortir, il me dit encore que vous lui deviez non-seulement la somme, mais les intérêts. Je ne reconnais point cette quittance.

Mme ADOLPHE.

Vous ne pouvez méconnaître cette écriture et cette signature; madame, j'en appelle à votre conscience.

Mme SOSTHÈNE.

Et moi, madame, j'en appelle à la vôtre ; comment avez-vous eu ce papier?

CLÉMENCE.

Ma chère cousine, tout ce que ma belle-sœur pourrait vous dire pour sa défense ne prouverait pas aussi fortement son droit que cette quittance écrite et signée de la main de votre époux. Malheureusement pour elle, cette pièce justificative ne peut plus lui servir; un accident en est cause! mais vous êtes trop bonne pour abuser de ce malheur, et pour ôter à une mère les moyens d'élever son enfant.

Mme SOSTHÈNE.

Elle est effectivement fort bien élevée cette petite! l'accident dont vous me parlez en est la preuve. A-t-on jamais vu une petite fille qui a reçu une espèce d'éducation, arracher des mains de sa mère et déchirer un papier auquel elle attache du prix?

Mme ADOLPHE.

Elle est trop jeune encore, madame, pour sentir quelle était l'importance que j'attachais à ce morceau de papier.

Mme SOSTHÈNE.

Je ne suppose pas cependant, madame, que vous le lui ayez donné pour s'amuser : elle vous l'a pris, c'est une chose sûre; et si elle eût été habituée à avoir pour vous le respect et la soumission qu'elle vous doit, l'eût-elle fait?

Mme ADOLPHE. (*D'un air honteux.*)

Ah! madame, il est possible que.....

ADOLPHINE. (*L'interrompant.*)

Maman, cette vieille dame noire paraît méchante, je ne l'aime pas du tout.

Mme ADOLPHE. (*A Adolphine.*)

Taisez-vous, petite sotte. (*A madame Sosthène.*) Je vous supplie, madame, d'excuser une enfant qui ne sait pas ce qu'elle dit.

Mme SOSTHÈNE.

Les propos qu'elle tient sont encore une preuve de son excellente éducation. Et vous pensez sérieusement, mesdames, que je suis disposée à faire un sacrifice considérable pour une petite fille qui est incapable de m'inspirer le moindre intérêt?

CLÉMENCE.

J'avoue, ma chère cousine, qu'elle n'est pas aimable; je conviendrai même encore, si vous le voulez, que sa mère a été trop indulgente avec elle et l'a trop gâtée : mais daignez excuser une faute qui n'a été causée que par l'extrême attachement qu'elle conserve à la mémoire d'un époux dont cette petite est le portrait frappant. Songez aussi que, malgré ses défauts, cette pauvre enfant est la seule dans la famille qui porte un nom qui vous est cher ; qu'elle est la fille unique d'un homme qui aurait sacrifié pour vous sa propre vie, d'un homme dont vous conservez un tendre souvenir. Allons, ma cousine, aissez-vous toucher, et n'ôtez pas à cette pauvre enfant, je ne dis pas la fortune, l'aisance, mais les moyens d'existence qui dépendent entièrement de vous.

Mme SOSTHÈNE.

Et croyez-vous que ce sacrifice l'avançât beaucoup? il ne servirait, en donnant un peu d'aisance à sa mère, qu'à nourrir ses caprices, son goût pour le luxe et la paresse ; et conservât-on intact ce petit domaine, ce que je ne crois pas, le revenu ne serait pas suffisant pour contenter ses fantaisies lorsqu'elle sera grande, et ne l'empêcherait pas de se trouver vraiment malheureuse ; tandis que, forcée par le besoin, elle deviendra laborieuse et raisonnable, et sera réellement plus heureuse et plus riche qu'elle ne l'est aujourd'hui.

Mme ADOLPHE.

Ah! madame, je mérite ces reproches, je le sens! En élevant cette petite fille, je n'ai consulté que mon cœur, et non ma raison; mais toutes les contrariétés que j'en ai essuyées aujourd'hui, m'ont ouvert les yeux, et avant même que vous m'eussiez fait sentir mes torts, mon parti était pris, et j'avais fortement résolu de changer de conduite à son égard. Croyez à ma parole, madame, et soyez assez bonne pour me laisser les moyens de la nourrir et de l'élever.

Mme SOSTHÈNE.

Quoique je passe pour extrêmement avare, madame, il n'en est rien, et je vais vous en donner une preuve; mais permettez-moi de ne pas ajouter une foi bien vive à vos promesses. Vous avez un cœur de mère, et ce cœur pourrait encore vous tromper. Je veux bien faire pour Adolphine tous les sacrifices possibles; car cette pauvre enfant me fait pitié, et d'ailleurs je croirai reconnaître par là ce que je dois à son père; mais je veux que ces sacrifices lui soient profitables. Nous avons dans notre ville un excellent pensionnat, où les jeunes demoiselles sont non-seulement instruites à fond des vérités saintes de notre religion et des sciences propres à leur sexe, mais où elles sont encore formées à l'esprit d'ordre et au travail; permettez qu'Adolphine y soit placée. Je me charge de tous les frais de son éducation; je vous abandonne les intérêts de la somme que vous me devez, et lorsque son éducation sera achevée, je vous donnerai une quittance définitive.

CLÉMENCE.

Cette proposition est si avantageuse, Victorine, que je ne doute pas de votre empressement à l'accepter.

ADOLPHINE.

On veut me mettre en pension! eh bien, j'avertis d'avance que je n'irai pas, et si l'on me force, je me sauverai.

Mme ADOLPHE.

Je ne trouve point de termes pour vous exprimer ma reconnaissance, madame, et j'ai honte de ma faiblesse.... mais cette ville est si loin !...

CLÉMENCE.

Si loin? dix-huit lieues, y pensez-vous?

Mme SOSTHÈNE.

Il est encore facile de parer à cet inconvénient; car je crois effectivement que madame ne consentirait guère à vivre loin de sa fille, ce qui ne serait peut-être pas un mal. Mais vous n'avez ni état ni commerce, madame; et qui vous empêche de venir vous fixer près d'elle? Je vous offre un logement indépendant du mien, dans lequel vous serez libre comme chez vous.

Mme ADOLPHE.

Ah! madame, je ne puis vous peindre ma reconnaissance, elle est au-dessus de toute expression. Mais tous les jours de ma vie j'invoquerai pour votre prospérité le Dieu protecteur de la veuve et de l'orphelin.

CLÉMENCE.

Permettez-moi, chère cousine, d'être l'interprète d'un frère qui vous fut cher, et de vous remercier en son nom de ce que vous faites pour son unique enfant.

ANTOINETTE.

Quoique je n'aie pas l'honneur d'être connue de vous, madame, j'ose joindre ma voix à celle de mon amie. Je ne puis exprimer l'admiration que vous m'inspirez.

Mme SOSTHÈNE.

Vous me rendez confuse avec vos remercîments, mesdames ! qu'Adolphine profite de l'éducation que je veux lui donner, et je serai assez récompensée....... Viens m'embrasser, Adolphine.

ADOLPHINE.

Non, je ne le veux pas, vous êtes trop méchante.

Mme ADOLPHE.

Elle ne mérite pas encore vos caresses, madame : mais lorsque, grâce à votre bonté, elle sera aimable et instruite, elle vous prouvera qu'elle sait aimer. Sa mère et elle vous devront le bonheur de leur vie.

ÉVÉLINA OU LA VEILLE DE L'AN.

PERSONNAGES.

Madame SAURIN.
Mme LISENAY, } ses filles.
Mme DUFRÊNE, }
ÉVÉLINA, } filles de madame Lisenay.
HORTENSE, }
PAULINE, } filles de madame Dufrêne.
CLARISSE, }
FANNY, femme de chambre de madame Lisenay.
VICTOIRE, femme de chambre de madame Dufrêne.
ANNETTE, gouvernante des demoiselles Lisenay.
CATHERINE, pauvre femme.
COLETTE, sa fille.

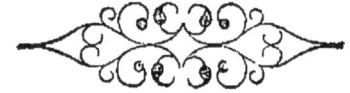

ÉVÉLINA

OU LA VEILLE DE L'AN.

Scène 1.

Mme LISENAY. (*Seule.*)

Je crois que toute ma vie la veille du jour de l'an produira sur mon cœur les douces émotions que j'éprouvais dans mon enfance, en recevant ces cadeaux que ma bonne mère accompagnait toujours des plus tendres caresses !... Oh ! c'est bien réellement une fête de famille ! un jour de paix et d'union, qui n'est fatigant que pour les gens insensibles et pour ceux qui, toujours hors de leur maison, ne savent pas chercher au sein de leur famille les seuls vrais plaisirs !..... Dans quelques heures, je l'espère, je verrai cette mère chérie qui combla mon enfance de tant de marques d'amour, et qui, modèle des tendres mères, vient commencer l'année auprès de ses enfants!... Je vais donc lui présenter mes deux filles et lui dire qu'elles méritent ses caresses et son amitié. Oh ! que cet heureux instant tarde à venir !......

(*Après un moment de silence.*) Mais n'ai-je pas aussi à préparer les étrennes de ces chères enfants? Quelle satisfaction je vais éprouver en leur faisant ces petits cadeaux qui les rendront si heureuses!..... Depuis quelque temps elles me procurent, par leur docilité, leur application et leur tendresse, les plus douces jouissances qu'une mère puisse sentir!..... Je veux les récompenser généreusement..... Que vais-je leur donner? voyons..... Les étrennes d'Hortense sont déjà prêtes; elle sera facile à contenter : quelques jouets, des bonbons, c'est tout ce que l'on peut désirer à son âge. Pour Evélina, c'est une autre affaire; elle est grande et raisonnable, il lui faut quelque chose de mieux. Je sais qu'elle sera toujours très reconnaissante du cadeau que je lui ferai; mais je voudrais savoir ce qui lui ferait le plus de plaisir. (*Elle réfléchit.*) Quelques objets de toilette? elle n'y tient pas beaucoup. Un bijou? elle est encore bien jeune. Quelques jolis livres? elle en a tant! je ne sais réellement à quoi m'arrêter..... peut-être a-t-elle mis les bonnes dans sa confidence; voyons. (*Elle sonne.*)

Scène 2.

Mme LISENAY, FANNY.

FANNY.

Que me veut madame?

Mme LISENAY.

Faites monter Annette, et venez avec elle.

FANNY.

Oui, madame. (*Elle sort.*)

Mme LISENAY. (*Seule.*)

Elle aime beaucoup sa bonne, et il serait tout naturel qu'elle lui eût parlé de l'objet de ses désirs..... Je voudrais que ses érrennes lui procurassent autant de plaisir qu'elle m'en a causé cette année, cette chère enfant!

Scène 3.

Mme LISENAY, ANNETTE, FANNY.

ANNETTE.

Fanny m'a dit que vous me demandiez, madame.

Mme LISENAY.

Oui, restez toutes deux; j'ai à vous consulter sur une affaire; mais auparavant je veux vous dire que je suis très contente de votre service, et vous offrir, dans ces petites étrennes, un témoignage de ma satisfaction. (*Elle leur présente à chacune un petit paquet.*)

ANNETTE.

La manière gracieuse dont vous accompagnez votre générosité, madame, en double le prix; recevez mes remercîments, qui n'exprimeront jamais ma reconnaissance.

FANNY.

Recevez aussi les miens, madame ; je ferai mes efforts pour me rendre de plus en plus digne de vos bontés.

Mme LISENAY.

Faites comme vous avez toujours fait, et tout ira bien. Voici de quoi il s'agit : c'est aujourd'hui le grand jour des récompenses, et je voudrais connaître un peu les goûts d'Evélina, pour lui donner quelque chose qui pût lui faire plaisir. Ne vous aurait-elle pas dit quelquefois ce qu'elle désire le plus ?

FANNY.

Elle disait l'autre jour que le chapeau de mademoiselle Paméla lui avait paru charmant.

Mme LISENAY.

Elle ne tient pas absolument à sa toilette, et son chapeau neuf est fort joli ; je crois qu'il peut lui suffire pendant l'hiver... cependant...

FANNY.

Je lui ai aussi entendu dire qu'elle serait très contente d'avoir à elle les œuvres complètes de Berquin.

Mme LISENAY.

Je crois effectivement que des livres lui feraient plaisir ; mais les œuvres de Berquin ne sont plus guères de son âge ; elle aimerait peut-être quelque chose de plus sérieux.

ANNETTE.

Tenez, madame, si vous voulez lui faire un beau cadeau, qui la rendra certainement très contente, achetez-lui une montre; elle a souvent exprimé le désir d'en avoir une.

FANNY.

Ah! oui, une montre lui conviendrait bien.

Mme LISENAY.

Elle est bien jeune encore pour avoir une montre.

ANNETTE.

Ah! madame, ses cousines, qui ne sont pas plus âgées qu'elle, en ont toutes deux depuis très longtemps.

Mme LISENAY.

Chacun a sa manière de voir. Sans désapprouver la conduite de ma sœur, je ne voudrais pas que mes enfants eussent une mise aussi élégante que celle de leurs cousines; cependant une montre est plutôt un objet d'utilité que de luxe. Evélina est soigneuse et rangée dans ses exercices; je pense que ce bijou... Mais il me vient une idée : je vais lui donner ses étrennes en argent; de cette manière, elle pourra acheter ce qui sera le plus à son goût.

ANNETTE.

Ce sera un moyen infaillible de ne pas se tromper.

Mme LISENAY.

Eh bien, envoyez-les moi toutes deux, et laissez-moi seule avec elles.

ANNETTE ET FANNY.

Oui, madame. (*Elles sortent.*)

Mme LISENAY. (*Seule.*)

Heureux instant! qu'il est doux à une mère de dire à ses enfants : Vous méritez toute ma tendresse, et j'ai du plaisir à vous récompenser!...

Scène 4.

Mme LISENAY, ÉVÉLINA, HORTENSE.

ÉVÉLINA.

Ma bonne nous a dit que vous nous demandiez, ma chère maman.

Mme LISENAY.

Oui, mes enfants; approchez-vous, j'ai quelque chose à vous dire.

HORTENSE.

Un conte, ma chère petite maman.

Mme LISENAY.

Non, ma fille, quelque chose de plus joli.

HORTENSE.

Quelque chose de plus joli qu'un conte? Oh! dites, dites vite, maman.

Mme LISENAY.

Votre bonne-maman sera ici dans la soirée;

car nous sommes aujourd'hui au dernier jour de décembre; encore quelques heures, et une nouvelle année va s'ouvrir devant nous : et vous savez qu'elle passe toujours avec ses enfants le premier jour de l'année.

ÉVÉLINA.

Quel bonheur ! mais, ma chère maman, puis-je voir commencer une nouvelle année sans me sentir pénétrée de la plus vive reconnaissance pour tous les bienfaits dont vous m'avez comblée dès les premiers instants de ma vie. Que je voudrais pouvoir vous peindre ce que j'éprouve en ce moment! Mais c'est impossible, et je ne trouve point de termes pour vous exprimer mes sentiments..... Hélas ! jusqu'à présent j'ai bien mal répondu à vos soins et à votre tendresse; mais n'en accusez, je vous en supplie, que la légèreté de mon âge, qui jusqu'alors m'avait empêchée de réfléchir. Mon cœur n'a point été complice de mon étourderie. Soyez assez bonne pour oublier le passé, chère maman, et j'espère qu'aidée de vos bons avis, je ne vous donnerai que de la satisfaction, à vous dont le bonheur est l'objet de mes désirs les plus ardents.

Mme LISENAY.

Je n'ai point eu de reproches à te faire cette année, et j'ai été fort contente, non-seulement de ton application et de tes progrès, mais encore de ton caractère. Je pense que ce témoignage flatteur que te donne ta mère, est pour toi aussi agréable que le seraient les plus jolies étrennes.

ÉVÉLINA.

O ma chère maman! quelles étrennes pourraient me procurer un plaisir aussi vif que celui que j'éprouve en ce moment? comment vous remercier assez de votre tendre indulgence!

Mme LISENAY.

Et toi, Hortense, seras-tu bien sage si je te donne des étrennes.

HORTENSE.

Oh! oui, oui, maman; donnez vite, donnez!

Mme LISENAY. (*Lui présentant une poupée et une boîte.*)

Tiens, voici une jolie poupée et des bonbons; souviens-toi de tenir ta promesse.

HORTENSE.

Oh! oui; merci, ma chère petite maman. (*A la poupée.*) Ah! ma petite, que tu vas être heureuse! que je vais t'aimer! Sois tranquille, je te donnerai de beaux chapeaux, de belles robes!

ÉVÉLINA.

Il faudrait auparavant que tu susses coudre, et tu ne veux pas apprendre à tenir ton aiguille.

HORTENSE.

Tu les lui ferais, toi.

ÉVÉLINA. (*En riant.*)

Eh bien ! ce sera moi qui aurai le plaisir.

HORTENSE.

J'en aurai encore plus que toi à l'habiller et à la déshabiller.

Mme LISENAY.

A ton tour, Evélina, je veux aussi te donner des étrennes.

ÉVÉLINA.

A moi, ma chère maman ! je suis réellement trop heureuse !

Mme LISENAY.

Comme tu es grande et raisonnable, je veux te laisser le plaisir de choisir toi-même ce qui te conviendra le mieux. (*Elle lui présente un rouleau.*) Voici quatre-vingts francs, tu peux employer cet argent comme tu le jugeras à propos.

ÉVÉLINA.

Quatre-vingts francs ! Eh ! que pourrais-je faire d'une somme aussi considérable ? Oh ! réellement c'est trop.

Mme LISENAY.

Sans doute, si c'était pour dépenser en pures bagatelles ; mais il y a une infinité de choses utiles qui peuvent te faire plaisir : une jolie robe, par exemple, un beau châle, un chapeau, une dentelle.

ÉVÉLINA.

Grâce à vos bontés, chère maman, ma toilette est des mieux assorties, il n'y manque rien, et je serais fort embarrassée pour...

Mme LISENAY.

Tu pourrais peut-être avec cette somme te procurer une jolie collection de livres, des bijoux, une montre.

ÉVÉLINA.

Ah! oui, des livres, une montre, voilà des objets qui me plaisent également, et je ne sais trop auquel des deux je donnerai la préférence. Que me conseillez-vous, chère maman?

Mme LISENAY.

Rien, ma fille; achète ce que tu voudras, ton argent est à toi, et quel que soit l'emploi que tu en fasses, je l'approuve d'avance.

HORTENSE. (*A part, à sa poupée.*)

Eh bien, mademoiselle! allez-vous déjà faire l'entêtée? penchez un peu votre tête, je vous l'ordonne.

ÉVÉLINA. (*A sa mère.*)

Votre bonté m'embarrasse, maman, et je préférerais me guider par votre avis. Cependant, puisque vous me laissez absolument ma maîtresse, je crois que j'achèterai une montre; depuis longtemps j'en désire une.

Mme LISENAY.

Eh bien! tu peux te satisfaire; lorsque tu seras tout-à-fait décidée, tu me le diras, et je prierai ton papa de t'aider à faire cette emplette, afin qu'on ne te trompe pas.

ÉVÉLINA.

Ah! maman, que vous êtes bonne!

HORTENSE.

Maman, voulez-vous me permettre d'aller auprès de la petite Ambroisine pour lui montrer ma jolie poupée?

Mme LISENAY.

Oui, ma bonne petite; mais ne sors pas seule, prie ta bonne ou Fanny de t'accompagner.

HORTENSE.

Oui, maman. *(Elle sort.)*

Mme LISENAY.

Evélina, je vais te laisser seule; fais tes réflexions, et si tu te décides de bonne heure, nous achèterons tes étrennes, afin que tu puisses les montrer à ta bonne-maman.

Scène 5.

ÉVÉLINA.

Oui, ma chère maman. *(Seule.)* Quatre-vingts francs! de ma vie je n'ai eu autant d'argent à moi! qu'en ferai-je? achèterai-je des livres, ou une montre? je n'en sais vraiment rien, et je suis embarrassée pour me déterminer..... De jolis livres bien instructifs, bien amusants, procurent pendant longtemps de douces jouissances..... une montre est aussi extrêmement utile et agréable..... Hé quoi! ressentirais-je déjà les inquiétudes qu'on dit être les compagnes inséparables des grandes richesses ? (*En riant.*) Des grandes richesses, quatre-vingts francs! eh! sans doute, quatre-vingts francs sont réellement une fortune à mon âge !..... Heureusement je ne veux pas thésauriser, et avant la fin de la journée une bonne montre ou des livres... Mais voici ma bonne, elle vient bien à propos.

Scène 6.

ÉVÉLINA, ANNETTE.

ANNETTE.

Vous paraissez rayonnante, Evélina; vous avez donc reçu de belles étrennes?

ÉVÉLINA.

Oui, ma bonne, je suis confuse des bontés de maman : j'ai reçu de sa bouche les plus doux témoignages de satisfaction sur ma conduite passée, et qu'ai-je fait pour les mériter ; en outre, elle m'a donné quatre-vingts francs pour mes étrennes.

ANNETTE.

Vous voyez ce que l'on gagne à contenter ses

parents. Et qu'allez-vous faire de votre argent?
ÉVÉLINA.

Je n'en sais encore rien, ma bonne; je suis dans l'embarras des richesses, et je balance entre une montre et des livres.

ANNETTE.

Bah! vous avez assez de livres, et si j'étais à votre place..... Mais voilà Fanny.

Scène 7.

ÉVÉLINA, ANNETTE, FANNY.

ÉVÉLINA.

Venez, Fanny, venez voir les belles étrennes que maman m'a données. Quatre-vingts francs! auriez-vous cru qu'une si grosse somme pût se trouver entre les mains d'une jeune personne de mon âge, avec le pouvoir absolu d'en disposer?

FANNY.

Madame votre maman sait que vous êtes raisonnable, mademoiselle; elle est persuadée que vous en ferez un bon usage.

ÉVÉLINA.

Je l'espère, mais je ne sais pas encore précisément l'usage que j'en ferai..... j'en achèterai des livres ou une montre.

FANNY.

Les livres ne vous manquent pas, mademoiselle, et vous êtes peut-être la seule des jeunes demoiselles de votre société qui n'ayez pas une montre.

ÉVÉLINA.

Il est vrai ; mais ce n'est pas cependant la raison qui m'en fait désirer une. J'espère que l'emploi de mon temps en sera mieux réglé...... néanmoins je réfléchirai encore..... de beaux et bons livres me tentent bien.

FANNY.

Une montre vaut encore mieux.

ÉVÉLINA.

Vous rappelez-vous, Fanny, combien vous êtes contente lorsque je vous fais de jolies lectures quand vous travaillez près de nous ?

FANNY.

Oh ! oui, mademoiselle, et si je ne cherchais que mon agrément, je vous dirais bien vite : achetez de jolis livres. Mais vous en avez beaucoup, et monsieur votre papa ne vous en refuse aucun de sa bibliothèque ; ainsi, croyez-moi, donnez-vous une montre.

ANNETTE.

C'est bien aussi mon avis.

ÉVÉLINA.

Eh bien ! vous avez raison, et je vais.... Mais il me semble entendre la voix de mes cousines sur l'escalier, laissez-moi seule avec elles. (*Les bonnes sortent et les demoiselles Durêne entrent.*)

Scène 8.

ÉVÉLINA, PAULINE, CLARISSE.

PAULINE.

Bonjour, Evélina.

ÉVÉLINA.

Bonjour, mes chères cousines ; que je suis contente de vous voir !

CLARICE.

On ne s'en douterait guère, car nous ne te voyons que lorsque nous te rendons visite ; les tiennes sont si rares !

ÉVÉLINA.

Ne m'en veuille pas, ma chère Clarisse ; tu sais que je sors très peu. Mes études ne sont pas achevées, et mes leçons absorbent tous mes instants.

PAULINE.

Quelle nécessité pour une jeune demoiselle de savoir tant de choses ? En est-elle plus aimable et plus recherchée dans les sociétés ? et pourvu qu'elle soit bonne musicienne, qu'elle danse bien et qu'elle se présente avec grâce, en demande-t-on davantage ? Pour moi, il y a longtemps que j'ai laissé toutes les études de côté, et depuis que je suis sortie de pension, les livres d'histoire, de géographie, d'arithmétique, de grammaire, les globes, les sphères, les cartes, tout est confiné dans un petit coin de mon cabinet, sans que l'envie m'ait pris une seule fois de les déranger.

CLARISSE.

A quoi servent en effet toutes ces choses? elles prennent un temps précieux qui pourrait être bien mieux employé. Rien ne donne tant de ridicule à une jeune demoiselle que la réputation de pédante.

ÉVÉLINA.

Il me semble qu'on peut bien étudier sans mériter le surnom de pédante; outre l'utilité de l'instruction, il y a tant d'agrément!

CLARISSE.

Un bel agrément, en vérité, de se casser la tête pour savoir la distance du soleil, la grosseur de la lune, la forme de la terre, s'il fait nuit ailleurs pendant qu'il fait jour ici, quels ont été les plus valeureux des Grecs et des Romains, et mille bagatelles semblables. Lorsque je pense aux larmes que j'ai versées en pension pour toutes ces misères, j'en suis en colère, et je déteste cordialement la géographie, l'histoire, la pension, les maîtresses et tout ce qui a rapport aux études.

PAULINE.

Dis-moi là, en bonne conscience, ma pauvre Évélina, s'il convient à une demoiselle de quatorze ans d'être toujours à la maison ensevelie dans les papiers et dans les livres, sans avoir aucune idée de ce qui se passe dans le monde, ne sortant jamais.....

ÉVÉLINA.

Je te demande pardon, ma chère Pauline : je vais tous les soirs faire une longue promenade avec papa, maman et ma sœur.

CLARISSE.

Et tu viens de me dire que tu ne nous rendais pas de visites parce que tu ne sortais pas !

ÉVÉLINA.

A l'heure où nous faisons nos promenades, nous ne vous trouverions pas chez vous ; vous êtes à l'assemblée.

CLARISSE.

Il est vrai. Mais dis-moi, je te prie, quel plaisir peuvent te procurer ces promenades sauvages que tu fais dans la société des personnes que tu vois tous les jours.

ÉVÉLINA.

Crois-tu qu'il me serait possible de trouver une compagnie plus agréable que celle de mes bons parents, qui ne sont occupés continuellement que de mon bonheur? Ah ! si je pouvais te faire comprendre le charme que j'éprouve lorsque papa m'explique les merveilles de la nature! qu'il me fait admirer la sagesse et la bonté du

Créateur dans ses moindres ouvrages ! la beauté de la plus petite fleur, l'instinct de l'animal qui nous paraît le moins digne de nos regards ! lorsque ma chère maman me fait remarquer les travaux variés de la campagne, l'activité et les fatigues de ces bons villageois à qui nous devons les premières nécessités de la vie ! Combien je me trouve heureuse alors ! et avec quelle reconnaissance je bénis Dieu de m'avoir fait naître dans une classe aisée où je puis, grâce à la tendresse de mes parents, cultiver mon esprit et exercer l'adresse de mes mains à mille petits ouvrages qui sont réellement autant de récréations, si on les compare aux travaux pénibles de plusieurs enfants de mon âge ! Aussi je ne rentre pas une seule fois à la maison sans remercier Dieu des bienfaits sans nombre qu'il ne cesse de répandre sur moi.

PAULINE.

Je te souhaite bien du plaisir à admirer le bluet et le pavot des champs, et à t'extasier sur l'instinct du ver et de la fourmi..... Pour moi, je mourrais d'ennui si j'essayais cette vie monotone seulement pendant huit jours.

CLARISSE.

C'est sans doute pour te rapprocher de ces bons villageois que tu aimes tant, que ta mise est si simple, je dirais presque ridicule pour une demoiselle de ton âge! des chapeaux tout unis, pas une robe de soie, pas une dentelle, pas un bijou!

ÉVÉLINA.

J'aurai bientôt le seul bijou qui me fait envie ; maman m'a donné pour mes étrennes une somme considérable, et je vais acheter une montre.

CLARISSE.

Il sera bien temps que tu en aies une. Combien ma tante t'a-t-elle donnée? voyons.

ÉVÉLINA.

Quatre-vingts francs.

PAULINE. (*D'un air moqueur.*)

Quatre-vingts francs? quelle somme!.... Ah! tu es facile à contenter. Nos parents nous ont donné presque le double, et cependant il s'en faut bien que nous soyons parfaitement contentes. Eh bien! je te préviens que pour tes quatre-vingts francs tu n'auras certainement pas une belle montre!

ÉVÉLINA.

Elle sera bonne, c'est tout ce qu'il me faut; celle de papa ne coûte pas davantage.

CLARISSE.

Tu me fais rire avec tes idées. Tu seras élégante avec une montre comme celle de ton papa! Pour moi, j'aimerais mieux m'en passer toute ma vie que d'en porter une semblable. Et quoique les nôtres soient assez jolies et qu'elles aient coûté fort cher, j'espère bien qu'au printemps nos parents auront la complaisance de les changer; car elles ne sont plus guère à la mode.

PAULINE.

Il est vrai qu'elles sont trop grosses; on les porte, cette année, bien plus mignonnes.

ÉVÉLINA.

J'ai ouï dire qu'on n'avait jamais un ouvrage parfait dans une boîte trop petite, et que pour qu'une montre fût bonne, il fallait qu'elle fût un peu grosse.

PAULINE.

Eh! qu'importe qu'elle soit bonne ou mauvaise! Ce n'est pas tant pour savoir l'heure que pour avoir un bijou à la mode qu'on porte une montre. Si ce n'était pas du bon ton d'en porter une, je n'en voudrais plus. Mais, ma pauvre cousine, tu es aussi peu avancée dans la civilisation qu'on l'était au temps du roi Dagobert.

ÉVÉLINA. (*En riant.*)

En ce cas, je ne le suis guère. Je ne crois pas cependant qu'au temps du roi Dagobert, les demoiselles portassent des montres, même pour leur utilité.

PAULINE.

Pourquoi non? Dans ces temps reculés et à demi sauvages, on n'estimait chaque chose que d'après le degré d'utilité qu'elle pouvait avoir ; et les dames de ce temps, qui, comme toi, étaient très rangées dans leurs affaires, et se tenaient aussi renfermées chez elles, avaient sans doute des montres pour régler l'emploi de leur temps.

ÉVÉLINA.

Tu veux plaisanter, Pauline, car tu sais bien qu'alors les montres n'étaient pas inventées.

CLARISSE.

Les montres n'étaient pas inventées, dis-tu ? Et quand le furent-elles donc, je te prie ? pourrais-tu le dire ?

ÉVÉLINA.

La première horloge à balancier parut sous Hugues Capet ; ce ne fut que dans le quatorzième siècle que l'on entendit, pour la première fois, à Paris, une horloge qui sonnait les heures. Enfin les montres portatives ne furent inventées que sous le règne de François I*er*, dans le seizième siècle.

CLARISSE.

Tu es savante, ma raisonnable cousine ! tu sais tout ce qui s'est passé dans les premiers âges de la monarchie, et les nouvelles de la ville te sont inconnues. Avec toute ton érudition, tu ferais une triste figure dans une assemblée. Les usages du monde te sont aussi étrangers que si tu arrivais de la Chine ou du Japon.

ÉVÉLINA.

Il est inutile que je les connaisse encore ; j'ai bien des années à passer avant de m'y présenter.

PAULINE. (*En riant.*)

Tu feras bien de n'y paraître qu'à trente ans ; c'est le bel âge pour briller !

ÉVÉLINA.

Je n'ai pas la prétention de briller jamais, je t'assure, et si je cherche à m'instruire, c'est pour répondre aux vues de mes parents, qui le désirent, et qui savent bien mieux que moi ce qu'il me faut.

CLARISSE. (*D'un air moqueur.*)

Tu as raison, c'est penser sagement.

Scène 9.

LES MÊMES, VICTOIRE.

VICTOIRE.

Mesdemoiselles, madame votre maman m'a ordonné de venir vous chercher ; elle veut vous mener avec elle pour choisir vos étrennes.

PAULINE.

Quel bonheur ! ne perdons point de temps. Au revoir, Évélina. Nous reviendrons attendre notre bonne-maman, et nous te montrerons nos emplettes.

ÉVÉLINA.

Vous me ferez bien plaisir.

CLARISSE.

Ce ne sera pas des montres de quatre-vingts rancs, sois-en sûre. (*Elles sortent avec précipitation.*)

Scène 10.

ÉVELINA. (*Seule.*)

Elles sortent avec tant de précipitation que je ne puis les accompagner... Je les aime si tendrement, j'ai tant de plaisir lorsque je les vois!... Pourquoi faut-il que j'éprouve un si violent serrement de cœur chaque fois que je les quitte?... Les années de notre enfance se sont passées dans une si douce intimité! Nous étions toujours ensemble, on nous eût prises pour trois sœurs; et actuellement la différence de nos goûts et de notre manière de voir met entre nous une espèce de barrière insurmontable. Ah! que le monde les a changées, ces chères cousines! Hélas! il serait si doux d'avoir ses meilleures amies au sein de sa famille! Mais il n'y a pas moyen; je ne pourrais être intimement liée avec elles qu'en adoptant leurs principes, et par là je déplairais à mon excellente mère, et je sentirais dans le fond de mon cœur des reproches qui m'empêcheraient d'être heureuse.

Scène 11.

ÉVÉLINA, ANNETTE.

ANNETTE.

Vous êtes seule, ma chère Évélina !..... Mais qu'avez-vous donc ? vous paraissez toute triste.

ÉVÉLINA.

Ce n'est rien, ma bonne ; mes cousines sortent d'ici, et vous savez que lorsque j'ai passé quelques instants auprès d'elles, je ne suis plus comme à mon ordinaire.

ANNETTE.

N'y pensez plus, mon enfant ; ce n'est pas aujourd'hui qu'il faut vous laisser aller à la tristesse.

ÉVÉLINA.

Vous avez raison, ma bonne ; j'ai trop de sujets de joie : comblée des bontés de maman ; attendant avec impatience l'heureux instant d'embrasser une grand'mère que je chéris ; sur le point d'avoir une belle et bonne montre que je pourrai consulter à tous moments.

ANNETTE.

Cette montre vous fera donc bien plaisir ?

ÉVÉLINA.

Oui, ma bonne ; je suis comme une enfant, je ne me reconnais plus. Je crois que si je ne craignais de déranger mes parents, qui attendent bonne-maman, j'irais les prier de venir de suite m'aider à en choisir une.

ANNETTE.

Vous ne les dérangerez pas, j'en suis sûre; monsieur votre papa se fera un plaisir de vous accompagner pour faire cette emplette.

ÉVÉLINA.

Le croyez-vous, ma bonne? en ce cas...

Scène 12.

ÉVÉLINA, ANNETTE, HORTENSE.

HORTENSE. (*Tenant à la main un morceau d'étoffe.*)

Ma petite sœur, je viens te prier de faire une robe à ma poupée, avec ce joli morceau d'étoffe qu'Ambroisine m'a donné.

ÉVÉLINA.

Je n'ai pas le temps aujourd'hui, ma petite amie; il faut que je sorte un instant avec papa, et tu sais que bonne-maman ne peut tarder de venir. Nous aurions mauvaise grâce de la laisser seule pour faire des robes de poupée. D'ailleurs, celle-ci est toute fraîche et ta poupée est bien jolie. Mais je te promets de lui faire, pendant mes récréations de cette semaine, une toilette complète: chapeau, robe, écharpe, enfin tout ce que tu voudras.

HORTENSE.

Tu n'y manqueras pas, au moins?

ÉVÉLINA.

Pourquoi dis-tu cela? t'ai-je jamais trompée?

HORTENSE.

Non, ma bonne sœur, tu es bien aimable et bien complaisante; aussi je t'aime de tout mon cœur.

ANNETTE.

Eh bien, Évélina, le plaisir de parler à la petite sœur vous fait-il oublier la montre?

ÉVÉLINA.

Non, ma bonne, j'y vais. (*A Hortense.*) Va t'amuser, ma petite amie; dans un instant je serai ici.

Scène 13.

LES MÊMES, FANNY.

FANNY.

Mademoiselle Colette désirerait vous parler.

ÉVÉLINA.

Faites-la monter, Fanny.

ANNETTE.

Elle peut attendre que vous soyez de retour.

ÉVÉLINA.

Oh! non, ma bonne; si ma bonne-maman arrivait pendant ce temps-là, je ne pourrais pas recevoir cette pauvre fille, et je ne voudrais pas la mortifier par un refus.

ANNETTE.

Ne la gardez donc guère. Allons, Hortense, sortons; laissons un instant votre sœur tranquille.

HORTENSE. (*Embrassant sa sœur.*)

Adieu, chère sœur.

ÉVÉLINA.

Au revoir, petit bijou. (*La bonne et Hortense sortent.*)

Scène 14.

ÉVÉLINA, COLETTE.

COLETTE.

Bonjour, mademoiselle Évélina ; j'ai appris que madame votre bonne-maman allait arriver ce soir, j'ai pensé alors que demain vous ne seriez pas visible, et je m'y prends d'avance pour vous souhaiter une bonne année, une bonne santé, et tout ce qui peut vous rendre heureuse.

ÉVÉLINA.

Je te remercie de ton attention, ma Colette ; ta visite me fait bien plaisir.

COLETTE.

Vous êtes trop bonne, mademoiselle, mais il faudrait que je fusse bien ingrate pour manquer à ce devoir, après toutes les bontés que vous avez eues pour moi. Jamais, oh! non jamais je n'oublierai toutes les peines que vous avez prises pour m'enseigner à lire.

ÉVÉLINA.

J'ai été bien dédommagée de mes soins par ton application et ta reconnaissance. Quand tu auras quelques instants à toi, tu sais ce que je t'ai promis, viens me trouver à mes récréations du soir: je te donnerai quelques leçons d'écriture, afin que tu puisses toi-même faire tes petits mémoires lorsque tu seras placée. Cela te sera fort utile.

COLETTE.

Je craindrais vraiment d'abuser de votre bonté, mademoiselle.

ÉVÉLINA.

Ne crains rien. Je t'assure que tu ne me dérangeras pas.

COLETTE.

Eh bien, mademoiselle, quand j'aurai un peu plus avancé le lin que madame votre maman m'a donné à filer, je profiterai de votre bonté, et je viendrai encore exercer votre patience.

ÉVÉLINA.

Ne t'inquiète pas, tout ira bien.... Mais, dis-moi, tes parents vous ont-ils donné vos étrennes, à ta sœur et à toi? Pas encore, je pense. Vous ne les aurez sans doute que demain matin.

COLETTE.

Eh! ma chère demoiselle, quelles étrennes voulez-vous que mes parents me donnent? Ils ont assez de peine à nous procurer le nécessaire.

ÉVÉLINA.

Oh! ils vous donneront toujours quelques bagatelles; c'est le jour où tous les parents font leurs petits cadeaux.

COLETTE.

Hélas! ma chère demoiselle, nous n'attendons rien du tout, mes pauvres parents sont trop malheureux cette année. Vous savez que mon père a été malade pendant plus de six mois. Il y a fort peu de temps qu'il travaille. Ah! nous nous sentirons longtemps de cette maladie, et toutes nos affaires sont bien en arrière.

ÉVÉLINA.

Mais seriez-vous dans le besoin? Parle-moi franchement, ma Colette.

COLETTE.

Nous ne sommes pas dans un besoin pressant, mademoiselle, parce que notre travail à tous nous procure du pain. Mais, hélas! nous avons bien un plus grand sujet d'inquiétude.

ÉVÉLINA.

Et quoi donc? dis-le moi.

COLETTE.

Hélas! ma bonne demoiselle, pourquoi vous

casserais-je la tête en vous racontant des maux qui vous sont étrangers et auxquels vous ne pouvez apporter aucun remède.

ÉVÉLINA.

Ce qui te regarde ne m'est pas indifférent, ma chère amie ; ainsi, conte-moi tes peines, ne crains rien.

COLETTE.

Puisque vous le voulez, ma chère demoiselle, je vais vous les dire ; aussi bien cela me soulage lorsque je puis épancher mon cœur auprès de quelqu'un qui sait compatir à nos maux. La maladie de mon père a épuisé toutes nos ressources et nous a mis dans l'impossibilité de payer notre loyer à la Saint-Martin dernière ; notre propriétaire nous tracasse, il se fâche tous les jours et nous menace de nous mettre dehors. Hélas ! nous faisons tous nos efforts, mais l'ouvrage ne va pas ; nous avons beau économiser et nous priver de tout, il nous est impossible de ramasser cette somme, et nous courons risque de voir nos pauvres meubles sur le pavé. Que deviendrons-nous, mon Dieu ! dans cette rude saison ? Ma pauvre mère se tourmente, et depuis plusieurs jours elle ne fait que pleurer.

ÉVÉLINA.

Pauvre Colette, que je te plains ! Et tes parents doivent-ils beaucoup à votre propriétaire ?

COLETTE.

Oh! oui, mademoiselle, ils doivent l'année échue, qui est de cinquante francs.

ÉVÉLINA. (*A part.*)

Cinquante francs, grand Dieu! Faut-il que pour une pareille somme toute un honnête famille languisse dans le besoin? tandis que moi... Non, non, il n'en sera pas ainsi. (*A Colette.*) Ne te désole pas, ma Colette, tes parents sont de braves gens, et Dieu viendra à leur secours.

COLETTE.

Nous en avons bien besoin, mademoiselle, et sans la confiance que nous avons en sa bonté, nous tomberions dans le désespoir.

ÉVÉLINA.

Ta confiance ne sera pas trompée, ma chère amie, et je serai assez heureuse pour être l'instrument dont Dieu se servira pour vous soulager.... J'ai reçu aujourd'hui pour mes étrennes une grosse somme dont je suis bien maîtresse. (*Elle lui présente cinquante francs.*) Tiens, ma Colette, cours vite sécher les larmes de ta mère et rendre la tranquillité à toute ta famille.

COLETTE. (*Avec transport.*)

Oh! ma chère demoiselle, quel bonheur! Dieu! est-il possible? mes parents sont hors de peine..... Ah! vous êtes un ange à mes yeux! (*Après un moment de silence.*) Mais non, c'est trop d'argent, et je ne dois pas l'accepter ; une jeune demoiselle comme vous ne peut disposer de rien sans l'agrément de ses parents.

ÉVÉLINA.

Ne crains rien, je t'assure que tu peux garder cet argent en conscience; il est bien à moi et je puis en disposer absolument à mon gré.

COLETTE.

Et croyez-vous, ma bonne demoiselle, que nous aurions le cœur de vous priver de vos étrennes ? oh ! non.

ÉVÉLINA.

Cet argent pourrait-il me procurer un plaisir plus grand que celui de tirer une honnête famille d'embarras? Ah! ma pauvre Colette, je n'ai jamais apprécié le bonheur d'être dans l'aisance comme aujourd'hui !

COLETTE.

Bonne demoiselle, mes parents vous béniront de toute leur âme; mais certainement ils n'accepteront pas votre argent.

ÉVÉLINA.

Qu'ils se gardent bien de le refuser ! ils ne pourraient me faire une peine plus grande. Fais-leur bien entendre cela, ma Colette, si tu veux que je t'aime toujours.

COLETTE.

Eh bien! mademoiselle, puisque vous parlez de la sorte, je vous obéis, mais je suis sûre que...

ÉVÉLINA.

Tais-tois, tu ne sais ce que tu dis. Cours vite, et défends-leur expressément, de ma part, d'en parler à qui que ce soit, entends-tu bien ?...... Mais, écoute donc, cet argent est pour tes parents, et je ne veux pas que ta sœur et toi vous vous passiez d'étrennes le premier jour de l'année. Viens me trouver demain matin avant huit heures, j'ai quelques-uns de mes anciens joujoux qui feront plaisir à ta sœur, et quelques chiffons que maman me permettra de te donner.

COLETTE.

Oh! ma chère demoiselle, que le bon Dieu vous récompense de votre générosité!

Scène 15.

ÉVÉLINA. (*Seule.*)

Que cette pauvre Colette est malheureuse! Tandis que la plupart des jeunes personnes se réjouissent dans l'attente des jolis cadeaux qu'elles vont recevoir ces jours-ci, elle n'espère rien, et son cœur n'est occupé que des peines que ressentent ses parents; loin de désirer le superflu, elle est prête à se retrancher le nécessaire, de peur d'augmenter leur misère. Et la pauvre fille souffre toutes ces privations avec une patience admirable, sans que le murmure paraisse sur ses lèvres. Qu'elle est vertueuse ! au reste, peut-elle être autrement ? sa mère est une si bonne femme ! que je me trouve heureuse d'avoir pu soulager leurs maux !... ces pauvres gens dormiront paisiblement cette nuit, je l'espère, sans rêver qu'un créancier impitoyable les chasse de leur humble demeure..... Demain leur première pensée sera pour me bénir... Ah ! les bonnes étrennes que les bénédictions du pauvre ! quel heureux pronostic pour l'année qui commence !... Mais que répondrai-je à maman lorsqu'elle me parlera de ma pauvre montre ?... ma pauvre montre ! en ai-je du regret ? Oh non, non, sans doute ; je m'en passerai mieux qu'eux de logement..... Mais je ne veux cependant pas qu'on sache rien de ce qui s'est passé. Le père de Colette est une honnête ouvrier qui a toujours vécu honorablement du fruit de son travail, il serait humilié si l'on savait qu'il a reçu un présent qui dans cette circonstance aurait l'air d'une aumône. Que ferai-je donc ? (*Elle réfléchit.*) En bien ! je dirai que j'ai changé d'idée, j'achèterai des livres ; j'en aurai encore une jolie collection pour trente francs. N'y pensons donc plus, et ne nous occupons que du plaisir d'embrasser bonne-maman.

Scène 16.
Mme LISENAY, ÉVÉLINA.

Mme LISENAY.

Eh bien, Évélina, es-tu enfin décidée, et veux-tu acheter tes étrennes avant l'arrivée de ta bonne-maman?

ÉVÉLINA.

Vous êtes trop bonne, chère maman. Je pense acheter quelques livres; mais je veux vous consulter à loisir, ainsi que papa, avant d'arrêter le choix des volumes dont je veux enrichir ma bibliothèque.

Mme LISENAY.

Des livres! dis-tu? Tu paraissais désirer une montre.

ÉVÉLINA.

Il est bien vrai, maman, mais j'ai changé d'idée tout-à-coup.

Mme LISENAY.

A la bonne heure, tu es absolument maîtresse de ton argent.

ÉVÉLINA.

Vous me permettez donc d'en disposer tout-à-fait selon mes désirs?

Mme LISENAY.

Oui, ma fille.

ÉVÉLINA.

Combien je suis heureuse ! Ah ! ma chère maman, comment vous témoigner ma vive reconnaissance !

Mme LISENAY.

Je suis persuadée que tu n'abuseras pas de ma confiance. Mais puisque nous ne sortons pas, reste ici pour attendre tes cousines ; j'ai encore quelques ordres à donner, car je veux que rien ne me dérange lorsque ma bonne mère sera ici. (*Elle sort.*)

ÉVÉLINA. (*Seule.*)

Grâce à la confiance que me témoigne maman, j'espère que...

Scène 17.

ÉVÉLINA, PAULINE, CLARISSE.

PAULINE.

Tu es toujours seule, Évélina ? Notre bonne-maman n'est pas arrivée, je le vois.

CLARISSE.

Peut-être a-t-elle retardé son voyage de quelques jours.

PAULINE.

Je n'en serais pas fâchée ; nous sommes invitées demain à une réunion qu'il nous faudra nécessairement manquer si elle est ici.

ÉVÉLINA.

Ce retard m'inquiéterait beaucoup, car elle vient toujours passer les premiers jours de l'année au sein de sa famille; pour qu'elle y manquât, il faudrait qu'elle fût malade.

PAULINE.

Pourquoi se tourmenter pour une chose qui peut n'être pas? c'est le moyen de n'être jamais heureuse. Pour moi, je n'ai pas le secret de me créer des chagrins imaginaires. J'aime bien mieux m'occuper des choses qui me font plaisir... Ah! et si tu voyais les jolies étrennes que nous venons d'acheter!

ÉVÉLINA.

Vous ne les avez donc pas apportées pour me les faire voir?

CLARISSE.

Le moyen? la plupart des objets que nous avons choisis ne sont pas achevés : chacune un chapeau rose dans le dernier goût (ils ne sont pas encore faits, mais nous avons choisi l'étoffe, la forme et les fleurs), une écharpe en velours, doublée de satin rose, un mouchoir de poche brodé.

ÉVÉLINA.

Un mouchoir de poche! je croyais que vous vous en brodiez chacune un.

PAULINE.

Ils ne seront vraisemblablement jamais finis ; j'aime beaucoup changer d'ouvrage, et je commence une infinité de choses que je n'achève pas.

CLARISSE.

Et toi, Évélina, as-tu acheté ta belle montre?

ÉVÉLINA.

Non, j'ai changé d'idée, je ne l'achèterai pas?

CLARISSE.

Tu feras fort bien ; une montre de quatre-vingts francs serait ridicule à ton âge.

PAULINE.

Il est peut-être plus ridicule encore de n'en point avoir.

Scène 18.

LES MÊMES, HORTENSE.

HORTENSE. (*En entrant.*)

Regardez, mes chères cousines, une jolie poupée que maman m'a donnée pour mes étrennes.

CLARISSE. (*Sans la regarder.*)

Oui, oui, elle est superbe.

HORTENSE.

Elle est déjà fort jolie, mais elle le sera bien davantage encore lorsque Évélina lui aura fait une nouvelle toilette.

CLARISSE. (*A Évélina.*)

Est-ce que tu es assez enfant pour jouer avec une poupée? je ne l'aurais pas cru, et cela ne va guère avec ton goût décidé pour les sciences.

ÉVÉLINA.

L'étude n'empêche pas de prendre quelques récréations ; c'est un bonheur pour moi d'amuser ma petite sœur.

CLARISSE.

Je te souhaite bien du plaisir à ces enfantillages ; Paulin pleurerait longtemps avant que je m'occupasse de ses jeux.

HORTENSE.

C'est que tu n'es pas bonne comme mon Évélina, et Paulin ne t'aime pas comme je l'aime.

CLARISSE.

Je me soucie bien de son amitié, c'est un enfant ; lorsqu'il sera grand, il connaîtra qu'actuellement il est un sot, et que j'ai raison de ne pas lui accorder ses fantaisies.

HORTENSE.

Ma sœur ne m'accorde point de fantaisies, mais elle est complaisante et bonne ; aussi je l'aime de tout mon cœur, et je ne me fais jamais prier lorsqu'elle veut me faire lire ma leçon.

PAULINE.

Elle a bien du temps de reste de s'amuser à te faire lire! si j'étais à sa place, j'aurais bientôt fait de me décharger de cet emploi sur la bonne ou sur tout autre.

ÉVÉLINA.

Personne ne peut aimer ma petite Hortense comme je l'aime, et c'est un plaisir pour moi de lui adoucir ce que l'étude a de fatigant et d'ennuyeux à son âge.

PAULINE. (*En levant les épaules.*)

Oh! tu es vraiment un modèle!..... mais avec tous tes beaux sentiments, tu passes une triste jeunesse; toujours ensevelie dans une solitude qui ne m'arrangerait pas du tout.

Scène 19.

Mme SAURIN, Mme LISENAY, Mme DUFRÊNE, ÉVÉLINA, HORTENSE, PAULINE ET CLARISSE.

Toutes les jeunes demoiselles se précipitent au-devant de madame Saurin.

Ah! ma chère bonne-maman!

Mme SAURIN.

Bonjour, mes petits anges..... Comme vous voilà grandies..... Embrassez-moi toutes. (*Elle les embrasse.*) Je suis sûre que vos mamans sont bien contentes de vous, n'est-ce pas? (*Après un moment de silence.*) Vous ne dites rien?

Mme LISENAY.

Elles n'osent pas se rendre témoignage à elles-mêmes, chère maman; mais j'éprouve un plaisir bien vif à vous dire que je suis très contente d'Évélina.

HORTENSE.

Et de moi aussi, maman?

Mme LISENAY.

Oui, mon cœur.

Mme SAURIN.

Combien ce témoignage me rend heureuse! Et ma Pauline, ma Clarisse sont sages aussi, j'en suis sûre! Ont-elles pris un peu de goût à l'étude?

Mme DUFRÊNE.

Oui, chère maman; elles sont devenues très raisonnables et font beaucoup de progrès dans la musique; elles commencent déjà à être recherchées dans toutes les sociétés.

Mme SAURIN.

Elles sont bien jeunes encore pour se présenter dans le monde; une demoiselle ne doit y paraître que lorsque son éducation est tout-à-fait achevée, et même, je le dis avec conviction, le plus tard est le meilleur.

Mme DUFRÊNE.

Je vous assure, maman, qu'elles n'y sont pas du tout déplacées; elles s'y conduisent avec autant de prudence que des demoiselles de vingt ans... Au reste, je vais vous donner une preuve de leur raison. Maîtresses de dépenser une somme considérable que leur papa et moi leur avions accordée en récompense de leur bonne conduite, elles n'en ont acheté que des objets de première utilité ; pas un bonbon, pas un jouet.

CLARISSE. (*D'un air dédaigneux.*)

Des bonbons ! des jouets ! ce serait joli vraiment si nous nous occupions de semblables bagatelles ! bonne-maman sait bien que depuis longtemps nous ne nous amusons plus comme des enfants.

Mme SAURIN.

Trop longtemps peut-être.... Mais enfin, mes chères petites filles, vos mamans sont contentes de vous, et c'est une satisfaction bien grande pour moi. Vous me faites finir heureusement mon année, et demain ma première pensée sera pour appeler les bénédictions du ciel sur des enfants si dignes de ma tendresse. Mais, dis-moi, ma Pauline (les vieilles gens aiment les détails), quelle est donc cette somme considérable que tu as eue pour tes étrennes ?

HORTENSE.

Bonne-maman, moi j'ai eu.....

Mme LISENAY.

Paix, Hortense.

PAULINE.

Maman nous prend pour des petites demoiselles de dix à douze ans, lorsqu'elle appelle l'argent qu'elle nous a donné une somme considérable. Nous avions chacune cent cinquante francs; ainsi, comme vous voyez, chère bonne-maman, il n'a pas fallu acheter beaucoup d'objets de toilette pour l'absorber entièrement.

Mme SAURIN.

Cent cinquante francs! Il y avait, lorsque j'étais à vos âges, de quoi habiller une jeune mariée des pieds à la tête.

CLARISSE.

Il n'y a pas actuellement de quoi s'arranger de manière à paraître décemment à une soirée. Les temps sont bien changés!

Mme SAURIN.

Je ne le vois que trop, grand Dieu! Au reste, j'espère, mes chères enfants, que vous n'aurez pas oublié les pauvres en achetant vos étrennes.

Mme DUFRÊNE.

Oh non, chère maman; j'ai été fort contente d'elles; au milieu de l'enthousiasme que leur causaient leurs emplettes, elles n'ont pas oublié les deux pauvres enfants de notre jardinier, et leur ont acheté à chacun un gâteau.

Mme SAURIN.

Elles sont très généreuses, en vérité! je leur fais mon compliment : sur une somme de cent cinquante francs distraire au moins quinze centimes au profit des pauvres, c'est beaucoup !.... et toi, Évélina, qu'as-tu acheté pour tes étrennes?

ÉVÉLINA.

Ma bonne maman, je n'ai pas encore.....

Scène 20.

LES MÊMES, FANNY.

FANNY.

Madame, la pauvre Catherine demande à vous parler.

ÉVÉLINA.

Maman est en compagnie, elle ne peut se déranger..... Voulez-vous permettre, maman, que j'aille de votre part.....

Mme LISENAY.

Non; faites entrer, Fanny. Ma bonne mère voudra bien m'excuser; elle sait entendre sans ennui le cri de l'infortune. (*Fanny sort.*) Ces pauvres gens, qui sont d'honnêtes ouvriers, ont éprouvé bien des malheurs cette année, et ce n'est pas aujourd'hui qu'on peut refuser de les entendre.

Scène 21.

Mme SAURIN, Mme LISENAY, Mme DUFRÊNE, ÉVÉLINA, HORTENSE, PAULINE, CLARISSE, CATHERINE, COLETTE.

CATHERINE.

Je vous demande bien pardon, ma bonne dame, je vous dérange ; mais je n'aurais pas été tranquille si je ne vous avais pas vue aujourd'hui, pour vous remettre une grande somme d'argent que mademoiselle Évélina a donnée à ma Colette. Excusez-moi, ma petite demoiselle ; vous aviez bien recommandé le secret, mais les enfants ne peuvent disposer de rien sans la permission de leurs parents.

Mme LISENAY.

Parlez, Catherine, expliquez-vous.

CATHERINE.

Ma chère dame, Colette est venue tantôt offrir ses souhaits de bonne année à mademoiselle Évélina, qui l'a accueillie avec sa bonté ordinaire, et qui s'est informée de nos nouvelles avec un touchant intérêt. Entraînée par cette marque d'amitié, la pauvre Colette lui a dépeint la misère où nous a réduits la maladie de mon pauvre homme et les inquiétudes que nous cause notre propriétaire ; car, notre loyer de l'an dernier n'étant pas payé, il nous menace tous les jours de mettre nos meubles sur le pavé..... Là-dessus cette bonne demoiselle l'a forcée d'accepter ces cinquante francs, en lui disant qu'ils étaient bien à elle, et qu'elle pouvait en disposer à son gré. Mais moi, je sais que les enfants n'ont rien à eux, et j'aurais cru me rendre coupable si je les avais gardés. (*A Évélina.*) Ne m'en veuillez pas, ma bonne demoiselle, je serai toujours reconnaissante envers vous, et tous les jours de ma vie je prierai Dieu de vous récompenser de votre charité, en répandant sur vous ses plus abondantes bénédictions.

COLETTE. (*A madame Lisenay.*)

Ne soyez pas fâchée contre moi, madame, de ce que j'ai accepté cet argent; mademoiselle Évélina m'y avait forcée; mais j'étais sûre d'avance que mes parents ne le garderaient pas.

Mme LISENAY.

Tu as bien fait de l'accepter, mon enfant ! et vous, Catherine, gardez-le : il était à ma fille, et loin de désapprouver l'usage qu'elle en a fait, elle me devient plus chère que jamais. Mais votre probité ne demeurera pas sans récompense; venez me trouver demain matin, nous aviserons ensemble aux moyens de vous mettre au-dessus de vos affaires : nous avons à la maison de l'ouvrage pour occuper votre mari, et nous lui ferons avec plaisir toutes les avances nécessaires pour vous rendre l'aisance dont vous jouissiez avant sa maladie.

CATHERINE.

Ah! ma chère dame! je ne puis vous exprimer ma reconnaissance, j'en suis trop pénétrée.

Mme LISENAY.

Et toi, Colette, tu mérites l'amitié que ma fille a pour toi, par ta tendresse pour tes parents, la douceur de ton caractère et ton activité; je te prendrai auprès de moi, tu me seras utile, et Évélina finira de t'apprendre à lire et à écrire.

COLETTE. (*Avec transport.*)

Ah! quel bonheur, madame! est-il possible! je serai auprès de mademoiselle Évélina? je ne puis le croire. (*A Évélina.*) Ah! mademoiselle, voulez-vous permettre? (*Elle veut lui baiser la main, Évélina l'embrasse.*)

ÉVÉLINA.

Va, ma Colette, je me promets bien du plaisir dans ta compagnie.

CATHERINE.

Que le bon Dieu vous rende le bonheur que vous répandez sur nous. (*Elles sortent.*)

Scène 22.

Mme SAURIN, Mme LISENAY, Mme DUFRÊNE, ÉVÉLINA, HORTENSE, PAULINE et CLARISSE.

Mme LISENAY.

O ma bonne Évélina! que tu me rends heureuse par ta manière de penser et d'agir! Embrasse-moi. (*Évélina se jette dans les bras de sa mère.*) Mon cœur ne peut suffire aux douces émotions dont il est agité.

Mme SAURIN.

Viens aussi dans mes bras, ma chère enfant, viens, que je te presse sur mon cœur!... O mon Dieu! soyez béni du bonheur dont vous comblez ma vieillesse!..... Tu es vraiment bonne, ma fille; tu sais faire de généreux sacrifices pour soulager tes semblables.

Mme LISENAY.

J'apprécie d'autant mieux son sacrifice que depuis longtemps elle désirait une montre, et qu'elle se mettait par là dans l'impossibilité de se la procurer; mais elle n'en sera pas privée. (*Otant sa montre et la mettant au cou d'Évélina.*) Reçois celle de ta mère, ma chère fille; je suis sûre que ce ne sont pas les brillants dont elle est ornée qui te la rendront chère.

ÉVÉLINA. (*Embrassant sa mère.*)

Ah! chère maman, vous êtes réellement trop bonne, et j'en suis confuse. Hélas! dans cette action si simple, je n'ai fait que mettre un peu en pratique les principes que j'ai reçus de vous. Je ne voudrais pas que vous vous défissiez pour moi d'une montre à laquelle vous êtes attachée.

Mme LISENAY.

Oui, ma fille, j'y suis attachée, car elle m'a été donnée par une main bien chère; mais elle aura à mes yeux un double prix étant suspendue à ton cou.

Mme SAURIN.

Toutes les fois que tu la consulteras, Évélina, rappelle-toi le bonheur que tu as éprouvé le jour où tu l'as reçue; et après cela, deviens insensible aux misères des pauvres si tu le peux!

ÉVÉLINA.

Oh! non, bonne-maman; jamais, jamais!

Mme SAURIN.

Je l'espère, ma fille. (*A Pauline et à Clarisse.*) Et vous, mes enfants, voyez la différence que l'éducation a mise entre votre cousine et vous. Continuellement occupées de vos petites personnes et de vos parures, vous ne voyez que vous dans le monde; tous les autres êtres vous sont indifférents, ou si vous les aimez, ce n'est qu'en raison des avantages que vous en espérez ou du plaisir qu'ils vous procurent. Toutes jeunes encore, vous êtes déjà accoutumées aux faux plaisirs du monde, au langage perfide de la flatterie ; mais jamais le cri si doux de la reconnaissance n'a fait battre délicieusement votre cœur. De combien de jouissances vous avez été privées! et que vous vous préparez de peines pour l'avenir !

Mme DUFRÊNE.

Je vous assure, maman, qu'elles sont très sensibles; un rien les fait pleurer, et je suis sûre que dans une occasion semblable, elles en eussent fait autant qu'Évélina.

ÉVÉLINA.

Oh ! sans doute, bonne-maman.

Mme SAURIN.

Et moi, je suis sûre du contraire. Celles qui le dernier jour de l'année, en possession d'une somme considérable, se contentent de donner un petit gâteau à des enfants malheureux occupés journellement à servir leurs caprices, n'auraient pas sacrifié l'objet de leur plus ardent désir pour des infortunés de qui elles n'ont rien à attendre. (*A madame Dufrêne.*) Ah! ma chère Hélène, l'amour maternel t'aveugle, et en laissant prendre à tes filles chéries des goûts si opposés aux principes que j'ai gravés dans ton cœur, tu as émoussé les heureuses dispositions qu'elles avaient reçues en naissant. Déjà le dégoût des études en a fait des ignorantes avec une capacité supérieure à leur âge, et l'amour des frivolités en a fait des êtres insensibles avec des cœurs aimants. Prends-y garde, Hélène, tu leur es chère actuellement, parce que tu leur es nécessaire; mais lorsque leur âge et leur position dans le monde leur aura permis de se passer de toi, peut-être éprouveras-tu le sort de tant de mères infortunées qui sont délaissées dans leur vieillesse, parce que les assemblées, les bals, les spectacles leur arrachent des enfants qu'elles chérissent, mais à qui elles sont désagréables à cause que leur âge avancé et souvent leurs infirmités donnent à leurs manières, à leur langage, un sérieux qui ne s'accorde plus avec les goûts frivoles de leurs enfants.

Mme DUFRÊNE.

Ah! ma chère maman! je le sens, je mérite vos reproches; car je vous ai bien négligée, et depuis longtemps je n'ai pas visité l'asile où j'ai reçu de vous tant de marques d'amour et qui autrefois faisaient mes délices. Ah! je vous en conjure, n'accusez point mon cœur de ce funeste changement, il n'en est point complice, et à tous les instants du jour, ma pensée vous accompagne. Mais, entraînée par un monde frivole, mes heures se sont trouvées toutes absorbées, et j'ai négligé le premier de mes devoirs : aveuglée, comme vous me le dites, par ma tendresse pour mes enfants, je me suis trompée sur les moyens de les rendre heureuses, et je les ai égarées en voulant les guider. Cependant il en est temps encore, je l'espère, et une éducation sage et raisonnable réparera bientôt tous les travers qui ont pu se glisser dans leurs jeunes imaginations. Je vous le promets, ma bonne mère, j'y travaillerai avec soin, et j'irai souvent près de vous m'encourager et m'instruire dans l'art si noble et si difficile de former des jeunes cœurs à la vertu.

Mme SAURIN.

O ma chère fille ! je n'en attendais pas moins de toi, car tu es bonne et aimante. Le monde a pu t'entraîner, mais il n'a pas encore corrompu les excellentes qualités de ton cœur. (*A Pauline et à Clarisse.*) Et vous, mes chères enfants, venez promettre à votre mère, qui reconnaît des torts qu'elle n'a eus que par amour pour vous, venez lui promettre la soumission la plus aveugle ! Renoncez à ce luxe outré, à ces sociétés frivoles qui vous ont détournées de vos études et des occupations de votre âge. Cherchez au sein de votre famille le vrai bonheur. Ne craignez rien ! des plaisirs plus purs que ceux que vous avez goûtés jusqu'ici, vous empêcheront de regretter ce que vous abandonnez. Embrassez votre mère, mes enfants, embrassez-moi aussi, et soyez assurées que nous n'avons en vue que votre bonheur.

PAULINE. (*D'un air froid.*)
Je le sais bien, bonne-maman.

Mme SAURIN.

Non, ma chère amie, tu n'en es pas encore convaincue; mais l'expérience te l'apprendra, et tous les jours de ta vie tu béniras celui où ta vieille maman a su te rappeler à tes devoirs.

Mme DUFRÊNE.

Oui, chère maman, elles vous devront leur bonheur et celui de leur mère..... C'en est fait, je renonce dès aujourd'hui à tous les spectacles, à toutes les sociétés, à toutes les folies qui m'avaient détournée de mes devoirs. Ce sera près de toi, chère sœur, ma première amie, que je viendrai goûter des plaisirs sans remords, et mes filles trouveront dans leur bonne cousine une amie sincère et aimable, qu'elles s'efforceront d'imiter. Accorde-leur ce titre, mon Évélina; ne crains rien, elles s'en rendront dignes.

ÉVÉLINA.

Que dites-vous, ma tante? j'ai toujours tendrement aimé mes cousines, et le bonheur d'être intimement liée avec elles est celui que j'ai désiré le plus ardemment.

Mme SAURIN.

Oui, mes chères enfants, vos deux familles n'en feront plus qu'une; l'amitié vous adoucira les peines inévitables de la vie et doublera vos plaisirs. Alors votre heureuse mère viendra souvent partager votre bonheur en bénissant le premier jour de l'année, cette véritable fête de famille, qui ne manquera jamais de produire les plus heureux effets dans les cœurs sensibles qui se laissent aller aux douces émotions qu'elle fera naître en eux.

PETITE PIÈCE

POUR

DISTRIBUTION DE PRIX.

PERSONNAGES.

Madame ADÉLAÏDE, maîtresse de pension.
EMMA,
ISAURE,
ISABELLE, } grandes pensionnaires.
ANGÉLIQUE,
SILVINE,

EUDOXIE,
CLARA, } pensionnaires de 10 à 11 ans.
ADINE,

Madame ST-SYLVAIN, mère d'une pensionnaire.
JUSTINE, femme de chambre dans la pension.
Plusieurs pensionnaires, personnages muets.

PETITE PIÈCE

POUR L'OUVERTURE

D'UNE DISTRIBUTION DE PRIX.

(La scène se passe dans la chambre de la maîtresse.)

Scène 1.

EUDOXIE. (*Seule.*)

Madame m'a mise dans sa chambre pour étudier mes leçons, et réellement elle a bien fait ; car sans cela j'aurais été tentée de causer, de me distraire, et j'aurais fait une triste figure à l'examen. Le moyen d'être entourée de compagnes aimables sans leur dire un mot. Au moins dans la solitude on est obligé de garder le silence, et le silence porte à la réflexion. Oh ! comme je vais m'appliquer ! Par où commencer ? voyons..... Je crois qu'il faut repasser d'abord ma géographie. (*Elle s'approche de la carte de France.*) Les neuf contrées au milieu de l'Europe sont d'abord la France, capitale Paris. (*S'avançant un peu sur le devant de la scène.*)

Paris! ah! là jolie ville! que je serais heureuse si j'allais à Paris! Lorsque je serai grande, je prierai tant, tant mon papa, qu'il faudra qu'il m'y mène. (*En souriant.*) Oh! alors comme j'ouvrirai les yeux pour voir toutes les belles choses que cette ville renferme! je visiterai les églises, les beaux monuments, les promenades. Et les riches magasins donc! il faudra que ma bourse soit bien garnie; car la peine passerait le plaisir, s'il fallait tout admirer et s'en tenir à la simple vue..... Quand on fait un long voyage, il faut bien rapporter quelque chose à ses sœurs, à ses amies! et puis on ne peut pas non plus s'oublier absolument soi-même.... Mais que je suis donc sotte! si je babille ainsi, l'heure s'écoulera et je ne saurai rien. Il faut convenir que cette géographie porte trop à la dissipation; la grammaire, au moins, n'a rien d'amusant, et je ne me distrairai pas en l'étudiant; voyons. (*Elle prend sa grammaire et lit.*) L'adjectif a trois degrés de signification : le positif, le comparatif et le superlatif. Que ces mots sont durs à prononcer! ne pourrait-on pas nous enseigner notre langue sans nous charger la mémoire de mots barbares, propres pour les sauvages? Je n'aime pas cette vilaine grammaire. Il faut pourtant l'étudier; car bien certainement je serai interrogée là-dessus........ Mais, après tout, quand je ne dirais pas précisément les mots, si je la comprends bien, c'est l'essentiel; madame est sévère, maman est bonne, voilà des positifs. Les vacances sont plus agréables que le reste de l'année, voilà un comparatif; et puis voilà un superlatif : Clara est la plus chère de toutes mes amies. (*Elle approche des coulisses et appelle à demi-voix.*) Clara, Clara......

Scène 2.

EUDOXIE, CLARA.

CLARA. (*S'avançant timidement.*)

Que me veux-tu?

EUDOXIE.

Par pitié, ma Clara, viens donc un instant près de moi. Si tu savais comme je m'ennuie, seule en silence!

CLARA.

Je n'ose pas, Eudoxie; madame veut que tu sois seule; si j'étais surprise auprès de toi, nous serions grondées toutes deux.

EUDOXIE.

Personne ne te verra, ma bonne Clara; reste un peu, je t'en conjure.

CLARA.

Non, Eudoxie; tu sais que l'an dernier j'ai obtenu le prix de docilité, et je ne voudrais pas cette année me rendre coupable de désobéissance. Je te quitte à regret, mais il le faut. (*Elle sort.*)

Scène 3.

EUDOXIE. (*Seule.*)

Clara, Clara.... écoute donc !..... Qu'elle est terrible cette Clara de me laisser seule ! un petit quart d'heure de récréation m'aurait fait tant de bien ! il m'eût donné du courage pour me remettre à l'étude..... Eh bien ! puisqu'il faut que je sois seule, je vais étudier mes leçons de manière à les savoir mieux que toutes mes compagnes ; non par envie, au moins, ce sentiment est trop bas, mais par une noble émulation qui ne veut pas rester en arrière lorsqu'il s'agit de bien faire. Voyons mon Histoire sainte. (*Elle prend son livre.*) Où en suis-je ? (*Elle cherche.*) Ah ! pas bien loin, à l'histoire de Joseph. (*Elle referme son livre.*) Que cette histoire est belle ! En la lisant on se sent pénétré d'admiration pour le bon Joseph qui ne se venge de l'outrage qu'il a reçu de ses frères qu'en les comblant de bienfaits..... Je crois que j'aurais fait comme lui, car je ne suis pas vindicative ; cependant, avant de leur pardonner, j'aurais voulu leur faire sentir un peu leurs torts, et les faire convenir de la réalité des songes qui les avaient tant fâchés...... Mais on vient, je crois ; quel bonheur !

Scène 4.

EUDOXIE, SILVINE.

SILVINE.

Eh bien, Eudoxie, où en sommes-nous? t'appliques-tu bien?

EUDOXIE.

Oui, ma bonne cousine; j'en suis malade! tu as bien fait de venir causer un peu avec moi.

SILVINE. (*En souriant.*)

Je ne viens pas pour te distraire, au moins, ne le pense pas; mais, craignant ton étourderie habituelle, je viens t'exhorter à profiter de la solitude où tu te trouves pour réparer le temps perdu.

EUDOXIE.

Je te remercie de ta bonne volonté, ma cousine, mais j'étudie beaucoup, sois-en sûre.

SILVINE.

Tu fais bien. Songe que mon oncle et ma tante seront présents à l'examen; que diraient-ils si tu restais la bouche béante, comme cela t'arrive souvent?

EUDOXIE.

Oh! il n'y a pas de risque! je repasse mes leçons les unes après les autres. Mais, dis-moi, Silvine, comment trouves-tu ma coiffure? Il me semble que j'ai l'air d'une petite vieille.

SILVINE.

Ta coiffure est très jolie et te sied parfaitement. Mais ne t'occupe donc pas de ces misères, apprends plutôt tes leçons ; on fera moins attention à ta toilette qu'à ta science.

EUDOXIE.

Je le sais bien ; mais tu sens parfaitement qu'il serait désagréable d'être ridicule. Ah ! que j'aurais donc voulu avoir une robe brodée ! que maman m'aurait fait plaisir si elle m'en eût envoyé une !

SILVINE.

Encore une fois, Eudoxie, laisse de côté toutes ces bagatelles, et étudie. Je vais te laisser. (*Elle sort.*)

Scène 5.

EUDOXIE. (*Seule.*)

Elle est bien raisonnable ma cousine Silvine, elle obtient tous les ans beaucoup de prix ! mais aussi elle est plus âgée que moi ; et, lorsque je serai grande comme elle, je serai sans doute aussi instruite : pour cela, je vais bien m'appliquer. Voyons mon Histoire de France. (*Elle l'ouvre et lit.*) Ce fut sous le règne de Philippe Ier qu'eut lieu la première croisade ; elle fut prêchée à la sollicitation de Pierre-l'Ermite, qui avait été témoin des vexations exercées par les infidèles contre les chrétiens : hommes, femmes, vieillards, enfants, tous brûlant du désir de délivrer le saint sépulcre, s'empressaient de s'enrôler sous les étendards de Godefroi de Bouillon. (*Elle pose son livre.*) C'était bien drôle, au moins, une armée de femmes et d'enfants Ah! si j'avais vécu dans ce temps-là, combien j'aurais été heureuse! j'aurais fait comme les autres, je me serais enrôlée et je serais partie pour la Terre-Sainte. Alors j'aurais traversé les mers, visité Jérusalem, Bethléem, Nazareth; ah! certes, j'aurais été bien plus heureuse que d'être ainsi renfermée seule dans une chambre pour étudier des leçons. Oh! que je serais contente si l'on entreprenait encore une nouvelle croisade! je ne serais pas des dernières assurément.

Scène 6.

EUDOXIE, JUSTINE.

JUSTINE.

Que faites-vous donc là, mademoiselle Eudoxie?

EUDOXIE.

Vous le voyez, Justine, j'étudie mes leçons.

JUSTINE.

Il a donc fallu vous séparer de vos compagnes.

Je gage que votre babil est cause de cette petite mortification.

EUDOXIE.

Ce n'est pas une mortification, au moins ; gardez-vous de le croire. Je regarde cela comme une distinction, une faveur ! être dans la chambre de madame !..... Que vous êtes heureuse, vous, Justine ! vous n'étudiez pas.

JUSTINE.

Je me trouverais bien heureuse, mademoiselle, si je pouvais étudier.

EUDOXIE.

Bah ! vous n'en connaissez pas tous les désagréments.

JUSTINE.

Et vous, mademoiselle, vous n'en connaissez guère les avantages, autrement vous vous y porteriez avec plus d'ardeur. (*Elle prend un livre sur un meuble et sort.*)

Scène 7.

EUDOXIE. (*Seule.*)

Elle a raison Justine ; mais il est assez disgracieux de s'entendre donner des avis par une femme de chambre. Paix ! je vais être si sage, si appliquée, si raisonnable, qu'on ne me fera plus le honteux reproche de trop causer ; car la réputation de babillarde nuit beaucoup à une jeune demoiselle. Oh! cette fois c'est fini, je ne veux plus dire une seule parole, je vais me mettre sérieusement à étudier. Ah! vraiment, j'aurais bien dû commencer par mon catéchisme; car, comme le disent ces dames, cette leçon est la plus nécessaire! les autres peuvent nous être utiles dans quelques circonstances de notre vie ; celle-ci est indispensable dans tous les temps. C'est elle qui, bien approfondie, fera notre bonheur dans ce monde, en nous rendant sages, et c'est elle aussi qui nous procurera le bonheur éternel, puisqu'elle nous enseignera nos devoirs et les moyens de les pratiquer. Le chapitre que j'ai à réciter n'est pas difficile ; c'est le baptême. Je le sais presque tout ; il n'y a que les dernières demandes qui pourraient m'embarrasser, et je vais les repasser avec attention. (*Elle ouvre son catéchisme.*) Pourquoi donne-t-on un parrain et une marraine à l'enfant qu'on baptise?... (*Elle referme son livre.*) Que j'aimerais être marraine! j'aurais un beau bouquet, un ruban, des gants, un éventail et des dragées en abondance! Je ferais généreusement mes honneurs. Cependant j'aurais soin de conserver ma part, qui ne serait pas la plus petite assurément..... Et cette petite filleule! comme je l'aimerais! comme je la caresserais! Je lui broderais de jolis petits bonnets, une jolie petite robe! O ma petite amie, que tu vas être heureuse!... Mais on vient, je crois. (*D'un air effrayé.*) Madame!

Scène 8.

Mme ADÉLAIDE, EUDOXIE

Mme ADÉLAÏDE.

Eh bien, Eudoxie, où en sommes-nous? avez-vous bien étudié?

EUDOXIE.

Oui, madame.

Mme ADÉLAÏDE.

Vous avez beaucoup de facilité, mon enfant, une mémoire étonnante, mais votre étourderie a paralysé jusqu'à présent ces heureuses dispositions. Combien d'entre vos compagnes qui sont plus avancées que vous, quoiqu'elles n'aient pas été aussi longtemps en pension! Que vos parents seraient contents aujourd'hui, si vous aviez travaillé comme vous le pouviez et le deviez! et que vous seriez heureuse vous-même d'étaler à leurs yeux les connaissances que vous auriez acquises!... Au lieu de tout cela, vos progrès ont été si lents que vous n'avez guère à attendre que de justes reproches. Ah! ma chère Eudoxie, rien ne peut suppléer au travail et à l'application.

EUDOXIE.

Je le sens bien, madame.

Mme ADÉLAÏDE.

Je ne sais trop si vous le sentez bien. Votre pauvre jeune tête est si légère!

EUDOXIE.

Je vous assure, madame, que désormais je ne vous donnerai que de la satisfaction.

Mme ADÉLAÏDE.

Je le souhaite de tout mon cœur, mais à dire vrai, je ne l'espère guère..... Ah çà, je vais envoyer ici quelques grandes demoiselles qui désirent être tranquilles pour repasser leurs leçons; soyez raisonnable, ne les distrayez pas.

EUDOXIE.

Oh! non, madame, je vous le promets. (*Seule.*) C'est parler, au moins! je ne serai plus seule. S'il fallait rester longtemps comme cela, j'en tomberais malade.

Scène 9.

EMMA, ISAURE, ISABELLE, ANGÉLIQUE, EUDOXIE.

EUDOXIE. (*Allant au-devant de ses compagnes.*)

Ah! mes chères amies, que je suis donc contente! nous allons étudier ensemble; quel bonheur!

EMMA.

Ecoute, Eudoxie, nous voulons être bien tranquilles; ainsi ne nous interromps pas, garde le silence.

EUDOXIE.

Quelle idée avez-vous donc de moi, ma chère amie? je meurs d'envie de m'instruire, et je vais vous écouter avec la plus grande attention.

EMMA. (*En souriant.*)

Oh! j'en suis persuadée.

EUDOXIE.

Vous pensez plaisanter, sans doute; mais vous allez voir.

ISAURE.

Ah çà, mes chères amies, que voulez-vous faire? nous sommes bien tranquilles ici. Allons-nous étudier à voix basse ou réciter alternativement nos leçons?

ISABELLE.

Comme vous le jugerez à propos, cela m'est parfaitement égal.

EUDOXIE.

Oh! il vaut bien mieux réciter à haute voix, vous apprendez beaucoup plus vite.

EMMA.

Je crois, en effet, qu'il sera mieux de réciter alternativement, en prenant bien le ton convenable ; cela nous donnera plus d'assurance lorsqu'il faudra parler en public.

ISAURE.

Eh! bien volontiers; qui va commencer? voyons.

ISABELLE.

Vous savez que nous devons réciter ce qui regarde l'ancienne province de Bourgogne ; si vous le voulez, je vais raconter l'époque de sa fondation et les divers changements qui s'y sont opérés jusqu'à ce que la France ait cessé d'être divisée en provinces : Emma nommera les départements qui en ont été formés, avec leurs villes principales et leurs diverses productions ; Isaure et Angélique feront connaître les grands hommes à qui la Bourgogne a donné naissance.

ISAURE.

Je le veux bien. Ce sera un plaisir pour moi de parler des grands hommes qui ont illustré la province où je suis née.

EUDOXIE.

Il n'y en aura pas beaucoup! et d'ailleurs qu'y a-t-il d'intéressant à dire sur la Bourgogne, qui ne comprenait guère que le département de la Côte-d'Or ?

ISAURE.

Tu le crois ainsi? cette réponse fait honneur à ton érudition.

EUDOXIE.

Ah! je me trompe! je le vois. Il comprenait encore le département de Saône-et-Loire.

ISABELLE.

Eh bien, écoute, et tu vas voir..... La Bourgogne a reçu son nom des Bourguignons, peuples qui, après avoir successivement occupé divers cantons de la Germanie, entrèrent dans les Gaules vers l'an 407 ou 408, et y firent des conquêtes très rapides ; le royaume qu'ils fondèrent comprenait la Bourgogne proprement dite, la Franche-Comté, une partie de la Provence, le Dauphiné, le Lyonnais, la Suisse et la Savoie. Ce royaume des Bourguignons subsista pendant plus d'un siècle, et eut cinq rois. Gondemar, le dernier, fut dépouillé de ses Etats en 534 par les rois Childebert et Clotaire, fils de Clovis, qui réunirent définitivement ce royaume à la France. Des débris de cet ancien royaume, il s'en forma trois dans les neuvième et dixième siècles. Le premier fut celui de Provence, que plusieurs auteurs ont appelé royaume de Bourgogne cis-jurane ; il fut érigé en 855, et comprenait le pays renfermé entre la Durance et les Alpes, la Méditerranée et le Rhône, avec le duché de Lyon. Le second, qui se forma vers l'an 888, au-delà du mont Jura, fut nommé royaume de Bourgogne trans-jurane ; il ne comprenait guère que la Suisse, le Valais et le Chablais. Le troisième royaume fut celui d'Arles, formé en 930 par la réunion des deux royaumes.

Quant au duché de Bourgogne, duquel s'était formée l'ancienne province du même nom, il faisait un État à part, qui a continué à relever de la couronne de France. Robert, second roi de la troisième race, ayant hérité de ce duché, en disposa d'abord en faveur de Henri, son fils aîné, lequel, étant devenu roi de France, le céda à Robert, son frère puîné, qui devint la tige de la première maison ducale de Bourgogne. Cette race s'éteignit en la personne de Philippe de Rouvres, l'an 1360, après avoir gouverné ce duché pendant 529 ans; alors le roi Jean le donna à Philippe, son quatrième fils, qui épousa la veuve de Philippe de Rouvres, et devint la tige de la deuxième maison ducale de Bourgogne.

Cette maison, qui rivalisa de puissance avec nos rois, finit en la personne de Charles-le-Téméraire, qui fut tué devant Nancy, l'an 1477.

Actuellement, chère Emma, fais-nous le plaisir de nous dire la division actuelle de la Bourgogne et ses villes principales.

EMMA.

Bien volontiers.....

EUDOXIE.

Encore parler de la Bourgogne?

EMMA.

Oui, ma petite amie : tu aimerais bien mieux, j'en suis sûre, jouer avec tes compagnes et leur faire tes petites espiégleries......... Mais il faut qu'elles repassent leurs leçons ; ainsi, crois-moi, prends ton parti et écoute avec attention.

De l'ancienne province de Bourgogne et d'une très petite partie du Charollais, on a formé quatre départements : celui de la Côte-d'Or, celui de Saône-et-Loire, celui de l'Yonne et celui de l'Ain.

Le département de la Côte-d'Or, riche en vignobles qui produisent des vins délicieux, a pour chef-lieu Dijon, ancienne, grande et belle ville. On y remarque une très jolie petite place en demi-cercle, dont les maisons sont toutes uniformes, et font face à l'ancien palais où se tenaient les états de Bourgogne, lequel renferme un musée, un cabinet d'histoire naturelle et un panthéon destiné à perpétuer le souvenir des hommes qui ont illustré le département. Aux environs de la ville, sont plusieurs promenades charmantes, dont la plus remarquable est le Parc.

Les sous-préfectures de ce département sont : Beaune, renommée pour ses bons vins ; Semur-sur-l'Armançon, dans une situation pittoresque ; Châtillon-sur-Seine, entourée de nombreuses forges et usines : dans ses environs, on exploite d'excellentes pierres lithographiques.

Les autres villes de ce département sont : Arnay-sur-Arroux, autrefois Arnay-le-Duc, remarquable par la victoire que l'amiral de Coligny remporta sur le duc de Cossé, en 1570; Auxonne, à sept lieues de Dijon, petite place forte sur la Saône; Saint-Jean-de-Losne, petite ville sur la Saône, qui soutint un siége vigoureux contre l'armée impériale, en 1636 : Louis XIII l'avait récompensée pour ce fait de priviléges considérables, en particulier, par une exemption totale d'impôts ; Seurre, assez jolie ville, aussi sur la Saône; Nuits, très petite ville, qui produit de bons vins.

Le département de Saône-et-Loire, chef-lieu Mâcon, sur la Saône, renommé par ses vins; il s'y est tenu plusieurs conciles.

Les sous-préfectures sont : Autun, ville très ancienne, qui était l'une des principales des Gaules au temps de César; on y remarque beaucoup d'antiquités, entre autres les deux portails d'Arroux et de Saint-André. Il n'y a ni ciment ni fer entre les joints des pierres qui forment la première, qui est une espèce d'arc de triomphe tout-à-fait dans le goût des Romains, et par conséquent de leur temps. On rapporte que Louis XIV, ayant entrepris le magnifique frontispice du vieux Louvre, à Paris, envoya visiter cette porte pour essayer aussi de bâtir sans ciment, en posant seulement les pierres l'une sur l'autre. Les environs de la ville possèdent aussi de précieux restes d'antiquités.

Châlon-sur-Saône, ville très commerçante, à la jonction du canal du centre à la Saône ; cette position en fait une ville d'entrepôt très importante.

Charolles, ancienne capitale du Charollais. Louhans, petite ville. Les autres villes de ce département sont : Tournus, sur la Saône ; Cluny, sur la petite rivière de la Grosne : cette petite ville est célèbre par son ancienne abbaye, dont l'église était une des plus vastes de France ; elle avait six cents pieds de long, sur cent vingt de large ; Bourbon-Lancy, célèbre par ses eaux thermales ; Verdun, près du confluent de la Saône et du Doubs : à peu de distance de cette ville était la célèbre abbaye de Cîteaux ; Paray-le-Monial, petite ville qui possède un monastère de religieuses de la Visitation, dans lequel vivait sainte Marguerite Alacoque, à qui l'on doit la dévotion au sacré Cœur de Jésus ; Semur, petite ville ancienne, située sur une hauteur ; Marcigny, entre Semur et la Loire : cette ville possédait autrefois une célèbre abbaye.

Le troisième département formé de la Bourgogne, est celui de l'Yonne, qui a pour chef-lieu Auxerre, sur l'Yonne. Les sous-préfectures sont : Sens, archevêché, ville ancienne, illustre avant César : la cathédrale est très vaste ; Joigny, sur l'Yonne, et Tonnerre, sur l'Armançon : ces villes sont renommées pour leurs vins ; Avallon, dans une situation remarquable : le roi Robert la prit en 1007.

Les autres villes de ce département sont : Chablis et Coulanges, renommées par leurs vins ; Vermanton, sur la rivière de la Cure : à une lieue de Vermanton, est le village d'Arcy, connu par les grottes qu'on voit auprès ; elles offrent mille jeux de la nature, des voûtes assez élevées, une espèce de salle et des congélations de toute espèce. Un bras de la rivière de Cure se perd sous terre par-dessous ces grottes, et reparaît de l'autre côté de la montagne, où ses eaux font tourner un moulin.

EUDOXIE.

J'aimerais assez voir toutes ces jolies choses ; mais c'est un triste plaisir que d'en entendre parler.

EMMA.

Je le conçois ; tu aimes le grand air, n'est-ce pas ? Mais un peu de patience ; encore quelques heures, et tu auras la clef des champs : en attendant, écoute le dernier département, qui est formé de l'ancienne Bourgogne.

Ce département est celui de l'Ain, chef-lieu Bourg, ancienne capitale de la Bresse. Les sous-préfectures sont : Nantua, ville industrieuse, au bord du petit lac du même nom; Belley, évêché, qui a été illustré par l'épiscopat de M. Le Camus, ami de saint François de Sales; Gex, où l'on fait de bons fromages; Trévoux, qui s'élève en amphithéâtre sur les bords de la Saône. On remarque encore dans ce département Seyssel, très petite ville, renommée par ses mines de bitume employé pour les pavages.

Actuellement, mes chères amies, à votre tour; veuillez nous dire les noms des personnages célèbres qui ont illustré la Bourgogne.

EUDOXIE.

Encore? quel martyre!

ISAURE

Comment, ma petite! n'es-tu pas bien contente d'entendre nommer des personnes recommandables par leurs vertus, leur science ou leur valeur; des hommes qui sont tes compatriotes, puisqu'ils ont vécu dans une province où tu es née?

EMMA.

Oh! cela n'est pas possible; car moi, qui ne suis pas née en Bourgogne, j'éprouve un plaisir bien vif à en parler et à en entendre parler, cette province étant une des plus belles de France.

EUDOXIE.

Je ne sais, mais j'aimerais au moins autant parler d'autre chose.

ISABELLE.

De tes poupées, n'est-ce pas? des plaisirs que tu vas prendre en vacances?

EUDOXIE.

Sans doute ces choses-là m'intéresseraient beaucoup plus que ce qui regarde la Bourgogne, et même le reste de la France.

ISAURE.

Tu es une bonne petite Française, qui aimes beaucoup ton pays; néanmoins, crois-moi, écoute jusqu'au bout.

EUDOXIE.

Il est bien force!

ISAURE.

La Bourgogne est une des provinces de France qui a fourni le plus d'hommes célèbres, parmi lesquels on peut en citer beaucoup que l'Eglise a mis au nombre des saints qu'elle révère.

Je ne finirais pas si je voulais énumérer tous les saints évêques qui ont illustré les siéges de Dijon, d'Autun, de Châlon, Mâcon, Auxerre et Bourges; les saints de tous les Etats, de toutes les conditions, qui ont édifié cette belle province par leurs éminentes vertus : je me bornerai à parler succinctement des plus remarquables, soit par l'étendue ou la force de leur génie, soit par les places importantes qu'ils ont occupées. On cite, dans les premiers âges de la monarchie, saint Gontran et saint Sigismond, tous deux rois de Bourgogne, qui se distinguèrent par leur amour pour la justice et leur zèle à faire fleurir la religion dans leurs Etats : si l'on peut leur reprocher quelques faiblesses, ce furent celles de leur siècle; mais leurs cœurs furent droits et zélés pour le bien;

Saint Léger, évêque d'Autun, qui fut ministre d'Etat pendant la minorité de Clotaire III, et maire du palais sous Childéric II; il fit bénir le règne de ces princes, dont le dernier ne s'égara et ne devint odieux qu'après qu'il eût renvoyé son sage guide.

Saint Léger se retira alors dans son diocèse; mais, victime de son zèle, qui avait allumé contre lui la haine des courtisans, il fut arraché à l'amour de ses diocésains et souffrit le martyre sous Ebroïn, maire du palais de Thierry I, qui lui fit souffrir les plus horribles persécutions.

Dans le même temps à peu près, saint Germain, évêque de Paris, naquit dans le territoire d'Autun, et saint Césaire, évêque d'Arles, naquit dans celui de Châlon-sur-Saône.

En 1091, le village de Fontaine, près Dijon, a vu naître le grand saint Bernard, la gloire de l'Eglise de France, le thaumaturge de son siècle, l'apôtre zélé de la dévotion à Marie, la lumière des conciles, l'arbitre des rois.

La ville de Dijon vient de faire ouvrir dans ses murs une porte vis-à-vis le village de Fontaine, à laquelle elle a donné le nom de porte Saint-Bernard.

Dans le dix-septième siècle, enfin, la même ville a donné naissance à sainte Jeanne-Françoise Frémiot, baronne de Chantal, qui, après avoir été, pendant plusieurs années, au village de Monthelon, près d'Autun, l'exemple des veuves chrétiennes, le modèle des filles soumises et des tendres mères, l'appui des pauvres, se retira à Annecy, où, de concert avec saint François de Sales, elle fonda l'ordre de la Visitation, qui en peu d'années se répandit par toute la France.

EUDOXIE.

Eh bien, malgré votre érudition, ma chère Isaure, votre mémoire n'a pas été fidèle ; car, dans l'énumération des saints qui ont reçu le jour en Bourgogne, vous en oubliez trois bien remarquables : saint Symphorien, premier martyr d'Autun ; l'illustre sainte Reine, qui a donné son nom à la petite ville d'Alise en Bourgogne, et sainte Clotilde, à qui nous devons l'avantage de connaître et de professer la religion chrétienne.

ISAURE.

Cette remarque est juste, ma chère petite, et elle te fait honneur. Je n'ai parlé ni de saint Symphorien ni de sainte Reine, parce qu'ils ont vécu dans des siècles antérieurs à l'établissement des Bourguignons dans les Gaules ; mais j'avoue que j'ai eu tort de ne pas nommer sainte Clotilde, c'est un oubli impardonnable ; car c'est à cette pieuse princesse, fille de Childéric, roi de Bourgogne, que nous devons le précieux trésor de la foi, qu'elle nous procura en travaillant à la conversion de Clovis, son époux, qui fut le premier roi chrétien en Europe.

Je t'engage, mon Eudoxie, à écouter attentivement Angélique, qui va énumérer tous les autres grands personnages dont la Bourgogne s'honore. Si elle en oublie, comme je l'ai fait, tu pourras les lui rappeler.

EUDOXIE.

Ah ! croyez-moi, vous avez assez parlé de provinces ; l'examen doit être commencé.

ANGÉLIQUE.

Ne t'inquiète pas, il ne commencera pas sans

nous; on nous appellera, j'en suis sûre : je ne serai pas longue, je te promets.

A ton exemple, Isaure, je ne nommerai pas une foule de littérateurs, de savants et de magistrats distingués dont cette province pourrait être fière; je dirai seulement un mot des plus marquants.

Sous la seconde race de nos rois, on cite Raoul, duc de Bourgogne, qui fut choisi pour gouverner la France pendant la détention de Charles-le-Simple.

Sous la troisième race, on remarque Pierre Jeannin, né à Autun, d'une condition médiocre, et que ses talents et sa probité élevèrent aux premières charges de la magistrature ; il fut particulièrement considéré de Henri IV.

Parmi les grands hommes qui illustrèrent la France depuis le règne de Louis XIV jusqu'à nos jours, Dijon a vu naître : 1° Bénigne Joly, instituteur des Hospitalières de cette ville, et auteur de plusieurs ouvrages pieux;

2° Jacques-Bénigne Bossuet, évêque de Meaux, que son zèle pour la pureté de la foi a mis au rang des docteurs de l'Eglise, et que son génie a fait surnommer l'aigle de Meaux;

3° M. Languet, curé de Saint-Sulpice, à Paris, dont la mémoire sera toujours chère, non-seulement à tous les malheureux, mais encore à tous les vrais amis de l'humanité;

4° Jean-Philippe Rameau, célèbre musicien : plusieurs personnes lui donnent la préférence sur le fameux Lully, en ce que sa musique, peut-être moins agréable, est plus majestueuse et plus noble;

5° Crébillon, célèbre auteur tragique;

6° Louis-Bernard Guiton de Morveau, savant chimiste;

7° Pierre Jacotot, ancien recteur de l'académie de cette ville, qui consacra sa vie à l'instruction publique.

La petite paroisse de Léry, diocèse de Dijon, a eu pour pasteur M. Couturier, auteur d'un excellent catéchisme dogmatique et moral.

La ville de Beaune a vu naître Gaspard Monge, fondateur de l'École polythecnique.

La ville de Bourges a donné naissance au fameux astronome Joseph-Jérôme Lalande.

La petite ville de Montbart, dans le département de la Côte-d'Or, a vu naître les célèbres Buffon et Daubenton, savants naturalistes. Enfin, je ne finirais pas si je....

Scène 10.

LES MÊMES, Mme ADÉLAIDE, Mme ST-SYL-VAIN.

Mme ADÉLAÏDE.

Mes enfants, allez rejoindre vos compagnes. (*Les pensionnaires sortent.*) — (*A madame St-Sylvain, en lui présentant un siége.*) Veuillez vous asseoir, madame.

Mme ST-SYLVAIN.

Je vous suis obligée, madame; je ne veux pas vous déranger, vous êtes aujourd'hui trop occupée. Je voudrais seulement vous parler un instant de ma petite Céphise. Cette enfant vous a causé bien du désagrément par son étourderie, sa dissipation et son entêtement..... je crains que.....

Mme ADÉLAÏDE.

Que craignez-vous, madame ? qu'oubliant en ce moment les devoirs que m'impose la confiance dont je suis honorée, je cède au désir de mon cœur, et que je récompense lorsque je devrais punir?

Mme ST-SYLVAIN.

Ah! madame, vous ne m'entendez pas, ou plutôt vous feignez de ne pas m'entendre..... Non, je craindrais plutôt.....

Mme ADÉLAÏDE.

Et quoi?

Mme ST-SYLVAIN.

Que cette pauvre enfant ait à souffrir, dans quelques instants, un affront qui, je l'avoue, rejaillirait sur moi.

Mme ADÉLAÏDE.

Je ne saurais vous dire d'avance les prix qui seront donnés; mais soyez persuadée, madame, que le seul intérêt de mes élèves me guide dans les récompenses que je leur accorde et dans les punitions que je suis obligée de leur infliger.

Mme ST-SYLVAIN.

J'en suis persuadée, madame : mais cette pauvre petite, quoique légère et étourdie, est très sensible et très délicate; je craindrais pour elle qu'un chagrin trop violent.....

Mme ADÉLAÏDE.

Et moi, madame, je voudrais que l'impression pénible qu'occasionnent ces petites mortifications fût moins passagère. Combien l'année suivante nous obtiendrions des succès!...

Mme ST-SYLVAIN.

Je ne sais, madame, mais il me semble que quelques petites récompenses sont pour les enfants un puissant motif d'encouragement; l'envie d'en obtenir encore redouble l'ardeur au travail.

Mme ADÉLAÏDE.

Oui, sans doute, madame, si ces récompenses ont été accordées au travail; mais si, par une indulgence mal entendue, elles ont été accordées à toutes les élèves à peu près indistinctement, elles ne peuvent plus être un motif d'émulation, et le but de cette cérémonie est entièrement manqué.

Mme ST-SYLVAIN.

Le travail seul ne donne pas un droit exclusif aux distinctions accordées en ce jour; autrement...

Mme ADÉLAÏDE.

Je conviens, madame, que l'envie de donner aux enfants une marque de notre amitié et aux parents un jour de bonheur, nous fait multiplier autant que possible les récompenses : les unes sont accordées aux progrès dans les études, au travail des mains; d'autres à la docilité, à l'application, à la sagesse dans la conduite : aucun genre de mérite ne reste sans distinction.

Mme ST-SYLVAIN.

D'après cette observation, qui est juste, madame, il s'ensuit que si ma Céphise n'obtenait rien en ce jour, ce serait déclarer à la face de l'auguste assemblée qui va se réunir chez vous qu'elle est un être inutile, incapable de réussir en rien ; ce qui ne manquerait pas de lui faire un tort réel pour l'avenir.

Mme ADÉLAÏDE.

Combien l'amour est ingénieux à se tourmenter ! Non, madame, les distributions de prix et les distinctions flatteuses accordées au mérite naissant n'ont pas ces inconvénients ; autrement il faudrait les supprimer : tout le monde sait que l'élève qui obtient un prix dans un cours a surpassé ses compagnes, soit par son intelligence, soit par son travail ; mais il ne s'ensuit pas que les autres élèves soient ineptes, ou qu'elles n'aient absolument rien fait.

Mme ST-SYLVAIN.

On peut n'avoir pas été des premières, et cependant mériter...

Mme ADÉLAÏDE.

Aussi donne-t-on des *accessit* dans chaque cours, pour faire connaître les élèves qui ont presque égalé celles qui ont eu des prix.

Mme ST-SYLVAIN.

Je vous avoue, madame, que je ne tiens pas aux *accessit*; en eût-on plusieurs, je trouve que c'est peu de chose..

Mme ADÉLAÏDE.

Et moi, madame, je pense que l'élève qui obtient des *accessit* dans tous les genres de travaux, donne plus d'espérance pour l'avenir que celle qui obtient un seul prix. Assurément, elle ne manque pas de capacité et montre beaucoup d'aptitude au travail. Avec de pareilles dispositions on devient nécessairement un sujet distingué.

Mme ST-SYLVAIN.

Vos remarques sont très judicieuses, madame, et toutes les fois que j'ai l'avantage de m'entretenir avec vous, je m'applaudis de plus en plus de vous avoir confié l'éducation de ma fille. Mais daignez avoir égard à ma prière; je vous en supplie, ayez un peu d'indulgence pour cette pauvre enfant; je suis assurée qu'elle ne vous donnera pas le sujet de vous en repentir. Elle est étourdie, mais elle ne manque pas d'esprit et son cœur est bon; la raison amènera tout. Si par cette conduite vous dérogez un peu à la règle de votre maison, cette concession ne saurait avoir de suites fâcheuses; on risque moins d'agir avec trop d'indulgence qu'avec trop de sévérité.

Mme ADÉLAÏDE.

Cette conduite aurait des suites plus fâcheuses que vous ne le pensez, madame, et je vous avoue que si je suis un peu sévère sur cet article, j'y ai été forcée par une triste expérience. Il est arrivé quelquefois que, cédant au désir de mon cœur, j'ai accordé des récompenses peu méritées, espérant qu'elles deviendraient un motif d'encouragement. Combien mon attente a été trompée ! et que je me suis reproché cette funeste indulgence en voyant ces élèves, rassurées par un succès auquel elles ne s'attendaient pas, devenir plus paresseuses, plus étourdies, plus insouciantes qu'auparavant ! Combien de fois, au contraire, ai-je eu à m'applaudir d'une sévérité raisonnable, en voyant des élèves médiocres dont j'espérais peu de chose, stimulées par une honte salutaire en ce jour solennel, faire sur elles-mêmes de généreux efforts, vaincre les difficultés qui les arrêtaient dans la carrière des études, y faire des progrès rapides, obtenir la dernière année des succès brillants, et combler par là de joie leurs heureuses mères, qui, bénissant alors la punition qui naguère leur avait été si amère, se reprochaient les larmes qu'elles avaient eu la faiblesse de mêler avec celles de leurs chères enfants.

Mme ST-SYLVAIN.

Ah ! je vous en conjure, madame, faites de moi cette mère heureuse, en agissant à l'égard de ma fille selon les règles que vous prescrit votre sagesse éclairée, et ne vous offensez pas des murmures qui pourraient m'échapper, ma raison les désapprouve d'avance.

Mme ADÉLAÏDE.

J'espère, madame, que vous aurez.....

Scène 11.

LES MÊMES, JUSTINE.

JUSTINE. (*A madame St-Sylvain.*)

Madame, la coiffeuse est venue, elle demande si elle peut coiffer mademoiselle Céphise.

Mme ST-SYLVAIN.

J'y vais, j'y vais. Vous me permettez, madame, de présider à la toilette de ma fille.

Mme ADÉLAÏDE.

Rien de plus juste, madame.

Scène 12.

Mme ADÉLAIDE. (*Seule.*)

Un auteur l'a dit avec raison, le chef-d'œuvre d'amour c'est le cœur d'une mère!... Pourquoi faut-il que ce sentiment sublime, étant mal dirigé, soit si souvent funeste aux êtres chéris qui en sont l'objet? Ah! que je serais heureuse si, secondant les vues maternelles de toutes celles que j'ai l'honneur de représenter, je pouvais travailler efficacement au bonheur des enfants qui me sont confiées, à celui de leurs parents qui en est inséparable, et préparer à la société des membres utiles! Que ma tâche est glorieuse! mais quelle est pénible!..... Combien il faut de soins, d'attentions pour former ces jeunes cœurs, de courage pour en extirper des défauts qui, négligés, porteraient leur funeste influence sur un avenir que je voudrais embellir!... O mon Dieu! aidez-moi, répandez la douce rosée de votre grâce dans les cœurs de ces chères enfants et faites-y germer toutes les vertus! Mettez sur mes lèvres l'oction qui touche, qui pénètre, et donnez-moi le courage..... Ah! que j'en ai besoin en ce jour!..... Enfants chéris, je serai donc forcée d'affliger quelques-unes d'entre vous, moi qui serais si heureuse si je voyais errer sur vos lèvres le doux sourire de la gaîté, si je voyais vos tendres mères vous serrer dans leurs bras avec un transport de joie mêlé d'un orgueil bien pardonnable... Ah! au lieu de cette joie si pure, je serai donc témoin des justes reproches que vous vous serez attirés par votre négligence. Cette pensée empoisonne le plaisir que j'ai à vous offrir en ce jour des marques de mon affection..... Mais où m'emporte un cœur sensible? dans quelques instants la cérémonie va commencer, et... (*Elle appelle.*) Justine, Justine...

Scène 13.

Mme ADÉLAIDE, JUSTINE.

JUSTINE.

Que me veut madame?

Mme ADÉLAÏDE.

Avez-vous tout rangé? la salle est-elle prête?

JUSTINE.

Oui, madame.

Mme ADÉLAÏDE.

Les élèves sont-elles habillées?

JUSTINE.

Oui, madame.

Mme ADÉLAÏDE.

Envoyez-les-moi, Justine, et voyez si tout est en ordre.

JUSTINE.

Il suffit, madame. (*Elle sort.*)

Mme ADÉLAÏDE. (*Seule.*)

Ces enfants m'ont répondu parfaitement dans toutes les répétitions que je leur ai fait faire, et cependant aujourd'hui je crains que la timidité si naturelle à leur âge, les empêche de paraître d'une manière satisfaisante.

Scène 14.

Mme ADÉLAIDE, TOUTES LES ÉLÈVES.

Mme ADÉLAÏDE.

Eh bien, mes chères enfants, le voici enfin arrivé ce jour que vos vœux ont appelé depuis si longtemps; encore quelques instants, et vous vous délasserez dans les bras de vos chères mamans des petits travaux de votre année. Cette pensée vous fait sourire; mais avant tout, vous le savez, une brillante cérémonie doit terminer votre année scolaire; vous vous y êtes préparées de votre mieux, j'en suis sûre. Ah! je vous en conjure, redoublez d'attention en ce moment, afin de répondre d'une manière satisfaisante. Songez au mérite et à la dignité des personnes qui vous feront l'honneur de vous interroger. Ce sont des pasteurs vénérables autant par leurs vertus que par l'auguste caractère dont ils sont revêtus; des magistrats instruits et vigilants, qui veulent bien quitter leurs importantes fonctions pour encourager vos études, en applaudissant à vos petits succès. Combien vous devez vous trouver honorées! et quel doit être votre désir de répondre à l'attente que j'ai conçue de vous!

ADINE.

J'ai fait tous mes efforts pour me préparer comme il faut, et il me semble que je sais bien mes leçons; cependant je ne suis pas entièrement rassurée et je pourrais encore me tromper.

Mme ADÉLAÏDE.

Ne craignez rien, ma chère amie; vous êtes très studieuse et vous comprenez parfaitement ce que vous avez appris; il est impossible que vous vous trouviez en défaut. Je suis sûre que vous êtes en état de rendre un compte exact de vos leçons de grammaire, de géographie et d'histoire. Ne vous troublez donc pas, et récitez seulement ce joli morceau que vous avez appris sur la naissance de notre Sauveur. Tâchez de bien prendre le ton convenable.

ADINE.

* Où est donc mon Sauveur? Ephrata, ville sainte,
Mon cœur tremble, palpite et d'espoir et de crainte;
Quoi! c'est lui que je vois sur la paille gisant!
C'est là mon Dieu! c'est vous, divin enfant!
  O mystère ineffable!
  O miracle d'amour!
Il était donc écrit qu'avec le bœuf, un jour,
Le lion de Juda coucherait dans l'étable!
Enfant de l'homme, enfant des cieux,
De quelle majesté ton visage rayonne!
Et toi, Vierge, qui tiens ce fardeau précieux,
A quels nobles pensers ton âme s'abandonne!
Le souci maternel se peint bien dans tes yeux.....

* *Voyage du baron de Géramb à Jérusalem.*

Sur le front de ton fils doucement inclinée,
De la Divinité tu contemples les traits ;
Non, tu n'ignores pas quelle est sa destinée :
Tu tressailles de joie au don que tu nous fais.

Mme ADÉLAÏDE.

Ce n'est pas mal. Et vous, Clara, pourriez-vous me rendre compte de ce que vous avez appris dans l'Histoire de France ?

CLARA.

Oui, madame ; j'ai appris un trait de la vie de Charlemagne qui m'a fait bien plaisir ; le voici :

Charles, par le conseil d'Alcuin, fonda l'académie palatine, modèle de toutes les autres qui s'élevèrent ensuite. Elle avait pour objet l'étude des lettres, et pour fin de les faire fleurir dans toute l'étendue de l'empire français. Chacun prit un nom particulier, afin que toute différence de rang fût oubliée dans l'asile de la science. Le roi, qui figurait comme simple membre de l'académie, prit le nom de David, en témoignage de son enthousiasme pour la poésie sacrée, qu'il élevait avec raison au-dessus de tous les ouvrages des hommes.

Charlemagne fonda des écoles auprès des monastères pour l'enseignement des premiers éléments, et des institutions pour celui des sciences. L'école de Tours, à laquelle Alcuin présidait en qualité d'abbé, a longtemps maintenu sa réputation. Il y avait de bonnes écoles à Paris, Soissons, Fulde, et dans beaucoup d'autres couvents de France et d'Allemagne.

Une de ces écoles était établie dans son propre palais. Il veillait attentivement aux progrès des jeunes élèves, et il prenait plaisir à examiner, avec les maîtres, leurs compositions. Il trouva un jour que des enfants du peuple, qu'il faisait instruire avec la jeune noblesse, avaient eu sur celle-ci un avantage marqué. Il jura que les évêchés et les abbayes seraient pour eux; et, se tournant vers les enfants des nobles : Pour vous, leur dit-il, vous comptez, je le vois, sur le mérite de vos ancêtres ; mais il faut que vous sachiez qu'ils ont reçu leur récompense, et que l'Etat ne doit rien qu'à ceux qui se rendent capables de le servir et de lui faire honneur par leurs talents.

Mme ADÉLAÏDE.

Vous avez raison, ma petite amie ; ce trait est fort joli et doit plaire à une élève studieuse qui sent qu'elle a une dette de reconnaissance à payer au prince qui le premier introduisit en France le goût des lettres et des sciences. Et vous, ma pauvre Eudoxie, quoique vous ayez été longtemps seule et que vous ayez eu beaucoup de temps pour apprendre, je crains encore. Voyons, faites-moi connaître les différentes nations de l'Europe.

EUDOXIE.

Hélas! madame, vous le savez, mon esprit léger et mon peu de mémoire ne me rendent guère propre aux études sérieuses, et quoique j'aie bien étudié, je serais embarrassée de rendre un compte exact de tout ce que j'ai appris. Je me souviens cependant d'une jolie fable de Florian, qui a tant d'analogie avec ce que mon cœur éprouve en ce moment, qu'elle ne me sort pas de l'idée ; la voici :

Un amateur d'oiseux avait en grand secret,
    Parmi les œufs d'une serine,
    Glissé l'œuf d'un chardonneret.
La mère des serins, bien plus tendre que fine,
Ne s'en aperçut point, et couva comme sien
    Cet œuf, qui dans peu vint à bien.
Le petit étranger, sorti de sa coquille,
Des deux époux trompés reçoit les tendres soins,
    Par eux traité ni plus ni moins
    Que s'il était de la famille ;
Couché dans le duvet, il dort le long du jour
A côté des serins, dont il se croit le frère,
    Reçoit la becquée à son tour,
Et repose la nuit sous l'aile de la mère.
Chaque oisillon grandit et, devenant oiseau,
    D'un brillant plumage s'habille ;
Le chardonneret seul ne devient point jonquille,
Et ne s'en croit pas moins des serins le plus beau ;
    Ses frères pensent tous de même.

Douce erreur, qui toujours fait voir l'objet qu'on aime
  Ressemblant à nous trait pour trait.
Jaloux de son bonheur, un vieux chardonneret
Vient lui dire : Il est temps enfin de vous connaître ;
Ceux pour qui vous avez de si doux sentiments
  Ne sont point du tout vos parents.
C'est d'un chardonneret que le sort vous fit naître.
Vous ne fûtes jamais serin : regardez-vous,
Vous avez le corps fauve et la tête écarlate,
Le bec... Oui, dit l'oiseau, j'ai ce qu'il vous plaira ;
  Mais je n'ai pas une âme ingrate,
  Et toujours mon cœur chérira
  Ceux qui soignèrent mon enfance.
Si mon plumage au leur ne ressemble pas bien,
  J'en suis fâché, mais leur cœur et le mien
  Ont une grande ressemblance.
Vous prétendez prouver que je ne leur suis rien ;
  Leurs soins me prouvent le contraire.
  Rien n'est vrai comme ce qu'on sent.
  Pour un oiseau reconnaissant
  Un bienfaiteur est plus qu'un père.

Ah ! que mon cœur ressemble à ceux du chardonneret reconnaissant ! et que je voudrais pouvoir vous peindre, ma chère maîtresse, combien j'apprécie vos bons soins et votre vigilante amitié ! Oh ! oui, vous serez toujours, après mes chers parents, l'objet de ma plus vive tendresse, et toute ma vie j'aimerai à penser aux jours heureux que je passe auprès de vous.

Mme ADÉLAÏDE.

Vous êtes aimable, Eudoxie, mais pas assez

studieuse. Le meilleur moyen de me prouver votre reconnaissance, c'est de travailler à votre bonheur, en mettant à profit les leçons qui.....

JUSTINE.

Madame, deux heures sont sonnées; tout est prêt, et la compagnie commence à entrer.....

Mme ADÉLAÏDE.

Ah! bien! Mes chères enfants, rendez-vous à la salle : ne vous troublez pas; recueillez votre mémoire, et comptez sur l'indulgence de l'assemblée.

LES INSPECTRICES DE PENSIONNAT.

PERSONNAGES.

Madame de la RIVIÈRE.
Madame STE-CÉCILE, sa nièce.
ERNESTINE, fille de madame Ste-Cécile.
Mademoiselle MÉLANIE, maîtresse de pension.
Mademoiselle CÉLESTINE, sous-maîtresse.

JOSÉPHINE,
LOUISA,
ADÉLAIDE, } pensionnaires de 12 à 14 ans.
ANNA,
SIDONIE,

ANTOINETTE,
MARIETTE, } pensionnaires de 9 à 10 ans.
MARIA,

ISABELLE,
MARIE, } petites pensionnaires.

ÉMÉLIE, bonne.

LES INSPECTRICES

DE PENSIONNAT.

Scène 1.

MÉLANIE, ÉMÉLIE.

MÉLANIE.

Que dites-vous, Émélie? je ne vous comprends pas.

ÉMÉLIE.

Je vous dis, mademoiselle, que tandis que vous étiez à la messe, deux dames qui se sont dites inspectrices des pensionnats sont venues vous demander; elles ont paru peinées de ne pas vous trouver, et elles m'ont chargée de vous prévenir qu'elles doivent repasser ici sur les deux heures, et qu'elles désirent voir vos demoiselles et les interroger.

MÉLANIE.

Cette visite me surprend : nous sommes à la veille des vacances ; et d'ailleurs, depuis que je suis à la tête de cette maison, je n'ai jamais vu de dames inspectrices.

ÉMÉLIE.

On voit tant de choses actuellement!... c'est peut-être une mode nouvelle qui va s'introduire.

MÉLANIE.

Et c'est à deux heures, dites-vous, Émélie? Priez mademoiselle Célestine de descendre.

ÉMÉLIE.

Oui, mademoiselle.

MÉLANIE. (*Seule.*)

Quel peut-être le motif de cette visite la veille des prix?...... Je m'y perds!..... Enfin, l'éducation est une chose si intéressante qu'on ne peut trop.......

Scène 2.

MÉLANIE, CÉLESTINE.

CÉLESTINE.

Émélie vient de me dire que vous vouliez me parler, mademoiselle?

MÉLANIE.

Oui, mademoiselle. Que font actuellement les élèves?

CÉLESTINE.

Elles s'amusent. Depuis qu'on s'occupe activement des préparatifs d'une prochaine distribution de prix, le plaisir qu'elles se promettent aux vacances absorbent toutes leurs idées; je ne puis plus les appliquer à rien. Comme elles ont subi tous leurs examens.....

MÉLANIE.

Elles n'en sont pas quittes encore : on vient de m'annoncer la visite de deux dames chargées d'inspecter les pensionnats; elles doivent se trouver ici à deux heures pour interroger les élèves.

CÉLESTINE.

Cette mesure me surprend et nous dérange, car nous sommes très occupées ces jours-ci : mais enfin nos enfants ont répondu parfaitement à tous leurs examens ; nous ne risquons rien.

MÉLANIE.

Il faut peu de temps à des têtes si légères pour oublier ce qu'elles ont appris. Faites-moi le plaisir, mademoiselle Célestine, de leur faire repasser leur répétition, et veillez aussi à ce qu'elles soient mises proprement. Je suis obligée de sortir pour une affaire indispensable.

CÉLESTINE.

Soyez tranquille, mademoiselle, reposez-vous sur moi; je vais leur donner tous mes soins. (*Elle sort.*)

MÉLANIE. (*Seule.*)

Ces dames voudront sans doute voir l'ouvrage

des enfants, et visiter la maison en détail; avisons donc à ce que tout soit en ordre. (*Elle appelle.*) Émélie!

Scène 3.

MÉLANIE, ÉMÉLIE.

ÉMÉLIE. (*En entrant.*)

Mademoiselle?

MÉLANIE.

Les dames dont vous m'avez annoncé la visite verront sans doute la maison en détail; veillez donc, Émélie, à ce que tout soit en ordre à leur arrivée. Je suis obligée de sortir, je m'en repose sur vous.

ÉMÉLIE.

Oui, mademoiselle. (*Seule.*) Encore de l'embarras, ce n'est jamais fini. Oh! oui, tenir tout en ordre, cela est facile vraiment avec une troupe de lutins qui ne laissent rien en place... Ah! il est bien temps que les vacances arrivent! J'ai aussi besoin de repos, moi. Eh bien, je parie encore que le temps me durera, et que je serai assez sotte pour regretter ces petites follettes qui me font tant de maux......Allons, il faut tout dire: il y en a quelques-unes qui sont bien gentilles, et si toutes ressemblaient à la bonne petite Ernestine, il y aurait trop de plaisir; mais les enfants comme celles-là sont rares.

Scène 4.

Mme DE LA RIVIÈRE, Mme STE-CÉCILE, ÉMÉLIE.

Mme STE-CÉCILE.

Bonjour, la bonne. Mademoiselle Mélanie est-elle visible ?

ÉMÉLIE.

Je pense que oui, madame ; je vais l'instruire de votre arrivée. (*Elle sort.*)

Scène 5.

Mme DE LA RIVIÈRE, Mme STE-CÉCILE.

Mme STE-CÉCILE.

Combien je suis émue ! ah, ma tante, si je pouvais vous dépeindre l'agitation de mon pauvre cœur.

Mme DE LA RIVIÈRE.

Je vous crois sans peine. Mais prenez patience, le moment tant désiré ne peut être éloigné.

Scène 6.

Mme DE LA RIVIÈRE, Mme STE-CÉCILE, CÉLESTINE.

CÉLESTINE.

J'ai l'honneur de vous saluer, mesdames. Mademoiselle Mélanie ne vous attendait qu'à deux heures, et elle a été obligée de s'absenter un instant; voudriez-vous être assez bonnes pour l'attendre? J'espère qu'elle ne tardera pas.

Mme STE-CÉCILE.

Bien volontiers, mademoiselle; mais nous pourrions toujours, si vous le trouviez bon, interroger quelques-unes de vos élèves.

CÉLESTINE.

Elles ne sont pas encore tout-à-fait prêtes, mesdames; dans un instant, j'aurai l'honneur de vous en présenter quelques-unes.

Mme DE LA RIVIÈRE.

Vous nous ferez bien plaisir, mademoiselle. (*Célestine sort.*)

Scène 7.

Mme DE LA RIVIÈRE, Mme STE-CÉCILE.

Mme STE-CÉCILE.

Encore un délai. Ah! que ce moment paraît long à mon impatience!

Mᵐᵉ DE LA RIVIÈRE.

Calmez-vous, je vous prie; vous êtes réellement trop émue pour soutenir votre personnage, et je suis bien aise d'un retard qui vous donnera le temps de modérer vos transports.

Mᵐᵉ STE-CÉCILE. (*A part.*)

On voit bien qu'elle n'est pas mère. (*Haut.*) Ma chère tante, je serai calme, je vous le promets. Ah! je vous en conjure, permettez-moi de faire appeler cette chère enfant; laissez-moi l'embrasser, la presser sur mon cœur, et après je l'interrogerai en votre présence.

Mᵐᵉ DE LA RIVIÈRE.

Vous savez de quoi nous sommes convenues : vous l'interrogerez sans la connaître et sans en être connue. Vous sentez fort bien que dans ce premier moment d'émotion, il ne serait pas plus possible à vous de l'interroger qu'à elle de répondre. D'ailleurs, je vous l'ai dit, je veux m'assurer non-seulement de ce qu'elle est, mais je veux voir aussi ce que sont ses compagnes, ce qu'est la maison, afin qu'au cas où elle ne répondrait pas à mes vues, je voie si je puis l'attribuer au défaut de capacité, ou seulement à un vice d'éducation. Vous concevez que ces deux cas sont bien différents: dans le premier, il n'y aurait rien à espérer, et par conséquent je refuserais absolument de m'en charger; dans l'autre, au contraire, nous nous hâterions de la changer de pension, et quelques années d'une éducation soignée réparerait le mal. Une telle épreuve nous est facile : vous n'êtes pas connue de la maîtresse. Mais dites-moi, comment avez-vous pu placer votre fille dans un pensionnat sans en connaître la directrice?

Mme STE-CÉCILE.

Je la connaissais au moins de réputation, et je fus tellement pressée par les circonstances, que je n'eus pas le temps de voir moi-même celle qui devait me remplacer auprès de ma fille chérie. Nous demeurions à la campagne, et nous venions d'essuyer des pertes considérables, lorsque nous reçûmes la lettre par laquelle vous nous invitiez à nous rendre auprès de vous, nous assurant notre fortune si nous répondions à vos désirs. Je n'avais pas alors l'honneur de vous connaître, ma tante, et j'essaierais en vain de vous dépeindre les combats violents qui déchirèrent mon cœur. La triste position dans laquelle nous nous trouvions alors, ne nous permettait pas de refuser; mais, d'un autre côté, nous expatrier! laisser notre pauvre petite fille, dont la frêle et délicate santé n'aurait pas supporté une longue traversée! et d'ailleurs, vous vous en souvenez, vous nous aviez intimé l'ordre de la laisser en France. J'hésitai longtemps;

je ne pouvais pas la quitter, et je voulais cependant lui assurer un avenir. Cette dernière considération l'emporta, et je me décidai à la placer dans cette maison, dont j'avais entendu faire l'éloge. Je me hâtai de la conduire ici, car le navire qui devait nous emmener était sur le point de mettre à la voile. Oh! que de larmes j'ai versées en me séparant d'elle!....., Je n'eus pas même la consolation de la recommander à sa maîtresse, qui se trouvait absente pour des affaires de famille ; je la confiai à une sous-maîtresse un peu âgée qui la remplaçait, et à une vieille bonne, qui me promit de la soigner comme son propre enfant; puis je me rendis près de vous, ma tante, ne vous connaissant pas, et ignorant par conséquent quel serait mon sort, mais décidée à sacrifier à l'avenir de cette chère petite mon repos, mon bonheur, ma santé, ma vie même, s'il était nécessaire. Ce sacrifice d'amour maternel a déjà été récompensé par le bonheur dont vous nous avez fait jouir, mon mari et moi ; mais il va l'être mieux encore en revoyant ce cher objet de mes affections. O Dieu! puisse-t-elle être digne de vos bontés, ma tante bien-aimée! c'est tout mon désir.

Mme DE LA RIVIÈRE.

Je l'espère, ma chère amie ; et alors quelle sera notre joie, en l'emmenant, de la présenter à son père, qui veille en ce moment avec tant de sollicitude à mes intérêts ! Je partage d'avance votre bonheur et le sien ; car je vous ai voué à tous deux une amitié de mère. Mais s'il en était autrement, si cette jeune fille n'avait pas répondu aux soins qui lui ont été donnés, ou que son éducation eût été mal dirigée, il faudrait vous résoudre à la laisser encore quelques années en France ; car, vous le savez, je n'aime pas les enfants, et je ne me chargerai d'elle que si je puis être à peu près sûre d'en avoir de la satisfaction.

Mme STE-CÉCILE.

Que Dieu le veuille. Mais, ma chère tante, ne fâcherons-nous pas sa maîtresse en prenant le titre d'inspectrices, que réellement nous n'avons pas ?

Mme DE LA RIVIÈRE.

La position toute particulière où nous nous trouvons excusera cette démarche, quelque inconvenante et extraordinaire qu'elle paraisse..... Mais j'entends quelqu'un ; il est bien temps.

Scène 8.

Mme DE LA RIVIÈRE, Mme STE-CÉCILE, SIDONIE.

SIDONIE.

Bonjour, mesdames ; c'est vous qui êtes chargées de nous interroger, je pense ?

Mme STE-CÉCILE. (*A part.*)

Quelles manières! quel ton! Si c'était là ma fille, je tremble. (*Haut.*) Oui, mademoiselle.

SIDONIE.

Comme mes compagnes ne sont pas prêtes encore, je viens vous prier de commencer par moi.

Mme DE LA RIVIÈRE.

Volontiers. Ma nièce, adressez-lui quelques questions.

Mme STE-CÉCILE. (*A part.*)

Elle répondra bien, je crois. (*Haut.*) Eh bien, ma chère demoiselle, pour que je vous interroge, dites-moi d'abord ce que vous avez appris?

SIDONIE.

Madame, j'ai appris la grammaire, l'orthographe, la langue française et l'art de bien parler.

Mme STE-CÉCILE.

Simplifiez, ma chère amie : toutes ces choses n'en font qu'une.

SIDONIE.

Mon Dieu, madame, vous me demandez ce que j'ai appris, je vous le dis comme je le sais.

Mme STE-CÉCILE. (*A part.*)

Quelles expressions!.... (*Haut.*) Continuons : que savez-vous encore?

SIDONIE.

L'Histoire sainte, celle des Juifs, et l'Ancien-Testament.

Mᵐᵉ STE-CÉCILE.

Mais, mon enfant, tout cela est encore la même chose. (*A part.*) Je sue.

Mᵐᵉ DE LA RIVIÈRE.

Mademoiselle, êtes-vous une des bonnes élèves?

SIDONIE.

Sans doute, madame.

Mᵐᵉ DE LA RIVIÈRE.

Vous faites honneur à vos maîtresses, assurément.

Mᵐᵉ STE-CÉCILE.

Vous savez l'Histoire sainte, dites-vous? Qu'était Abraham?

SIDONIE.

C'était un roi de Juda, qui fit mourir Nathan pour avoir son champ.

Mᵐᵉ DE LA RIVIÈRE.

Achab, roi d'Israël, voulez-vous dire, qui fit mourir Naboth pour avoir sa vigne. Ce n'est pas ce qu'on vous demande.

SIDONIE.

C'est toujours cela à peu près; il y a tant de noms dans cette histoire, que cela embrouille.

Mme STE-CÉCILE.

Eh bien, voyons la grammaire. Qu'est-ce que le nom ou substantif?

SIDONIE.

C'est un mot que l'on dit pour montrer que l'on fait quelque chose, comme : se promener, danser, jouer, causer.

Mme DE LA RIVIÈRE.

Je crois bien, mon enfant, que vous n'avez fait que cela depuis que vous êtes au monde; votre instruction le prouve.

SIDONIE. (*D'un air content.*)

N'est-ce pas?

Mme STE-CÉCILE. (*A part, haussant les épaules.*)

Elle est élevée avec ma fille!....... Essayons encore. (*Haut.*) Qu'est-ce que l'arithmétique?

SIDONIE.

C'est une science qui enseigne le nom et la position des pays.

Mme STE-CÉCILE.

Vous voulez dire la géographie. En avez-vous quelques notions? tant mieux, vous me ferez peut-être une réponse passable. En combien de parties divise-t-on la terre?

SIDONIE.

En beaucoup de parties. Qui pourrait les dire toutes? la France, l'Italie, le département de Saône-et-Loire, l'Asie, les fleuves, les détroits.

Mme DE LA RIVIÈRE.

Réellement, elle est assommante. Ne vous fatiguez plus à la questionner....... Quelle pension !....... ô pauvre Laurence! que je vous plains!

Mme STÉ-CÉCILE.

Je suis consternée!

Scène 9.

M DE LA RIVIÈRE, Mme STE-CÉCILE, SIDONIE, CÉLESTINE.

CÉLESTINE. (*En entrant.*)

Je vous demande pardon, mesdames, de vous avoir fait attendre si longtemps; nous avons été prévenues trop tard de votre visite. (*A Sidonie.*) Que faites-vous ici, Sidonie?

Mme DE LA RIVIÈRE.

Mademoiselle est venue pour se faire examiner; ne l'aviez-vous pas envoyée?

CÉLESTINE.

Eh! madame, sur quoi l'interrogeriez-vous? Non-seulement elle ne sait rien, mais elle est incapable d'apprendre. Avec cela, elle est présomptueuse et ne se rend à aucune observation; madame est sur le point de la renvoyer à sa famille.

SIDONIE.

Vous n'êtes jamais contentes de moi, quoique je fasse. Ces dames ont bien vu que je ne reste pas muette.

Mme DE LA RIVIÈRE.

Il vaudrait bien mieux!..... Ma chère demoiselle, nous sommes si contentes de vous que nous en avons assez. Vous pouvez vous retirer.

SIDONIE.

Je vous salue, mesdames. (*Elle sort.*)

CÉLESTINE.

Je suis peinée, mesdames, de l'ennui qu'elle a dû vous causer. Ne vous a-t-elle pas entièrement dégoûtées de voir ses compagnes?

Mme DE LA RIVIÈRE.

Au contraire, mademoiselle, nous serons enchantées de les voir, et vous nous ferez plaisir de nous les présenter.

CÉLESTINE.

Entrez, mes enfants.

Scène 10.

Mme DE LA RIVIÈRE, Mme STE-CÉCILE, CÉLESTINE, MARIA, ANTOINETTE, MARIETTE, ISABELLE ET MARIE.

Mme STE-CÉCILE (*les regardant avec intérêt*).

Les aimables enfants!..... (*A part.*) O ma fille chérie! (*Haut.*) Bonjour, mes petites demoiselles. Êtes-vous disposées à répondre comme il faut aux questions que je vais vous adresser?

ANTOINETTE.

Nous ferons notre possible pour vous contenter, madame.

Mme STE-CÉCILE.

Eh bien, entrons de suite en matière. (*A Maria.*) Dites-moi, ma petite amie, un peu de grammaire : qu'est-ce que le verbe?

MARIA.

Le verbe est un mot qui exprime une action du corps, comme : manger, chanter, coudre, broder ; ou une opération de l'esprit, comme : penser, aimer, réfléchir, comprendre ; ou enfin, l'état en général d'une personne ou d'une chose, comme : être, paraître, demeurer, rester.

Mme STE-CÉCILE.

Bien défini. Qu'est-ce que le sujet d'un verbe, et quel en est le régime?

MARIA.

Le sujet d'un verbe est la personne ou la chose qui fait l'action marquée par le verbe ; et le régime est la personne ou la chose à laquelle se rapporte cette action. Par exemple, si je dis : Notre maîtresse aime ses élèves ; notre maîtresse est le sujet, c'est elle qui fait l'action d'aimer ; et ses élèves sont le régime, car c'est à elles que se rapporte cet amour.

Mme STE-CÉCILE.

Parfaitement. (*A Antoinette.*) A vous, ma chère enfant : un peu de géographie. Pourriez-vous me dire, en peu de mots, quelque chose sur la France?

ANTOINETTE.

La France, l'un des plus beaux et des plus grands royaumes de l'Europe, jouit d'un beau ciel, d'un air salubre et d'un climat tempéré; son sol fertile et bien cultivé fournit en abondance du blé, du vin, des fruits, et tout ce qui est nécessaire à la vie. La France possède des mines de houille, de fer, de cuivre et même d'argent, des carrières d'excellentes pierres de taille; on y trouve beaucoup d'eaux minérales très renommées.

Ce royaume, dont la population s'élève à 34 millions d'habitants, a pour capitale Paris, qu'on peut regarder comme le centre de la civilisation des lettres et des arts. C'est après Londres la ville la plus peuplée de l'Europe, et, après Rome, celle qui renferme le plus d'édifices magnifiques.

Mme STE-CÉCILE.

Assez, ma chère amie, c'est très bien. (*A Mariette.*) A vous, ma bonne petite: un peu d'Histoire sainte. Ah! nous aurions dû commencer par là. Qu'était David?

MARIETTE.

Un jeune berger de la tribu de Juda, qui fut choisi de Dieu pour régner sur les Hébreux, à la place du roi Saül, qu'il avait rejeté à cause de sa désobéissance et de son orgueil. David sut conserver sur le trône la piété, l'humilité et la candeur qui, dans sa jeunesse, l'avaient rendu si cher au Seigneur. Ayant eu le malheur de pécher grièvement, il se releva courageusement par la pénitence, et les psaumes qu'il a composés sont l'expression de son repentir et de son amour de Dieu. Plusieurs de ces psaumes annoncent si clairement les principales circonstances de la vie et de la mort de notre Sauveur, qu'on le désigne principalement sous le nom de roi-prophète.

Mme STE-CÉCILE.

Très bien. (*A Isabelle.*) Vous, ma petite amie, voulez-vous me dire une petite fable?

ISABELLE.

De tout mon cœur, madame. Un pauvre petit serin, privé de sa mère, fut recueilli par une charmante petite fille qui lui prodigua les soins les plus assidus et les plus touchants; un nid, composé de coton et garni du duvet le plus fin, servit à reposer ses membres délicats, tandis qu'une nourriture exquise lui était prodiguée. Grâce à ces attentions, le serin devint gros et gras; ses plumes luisantes auraient pu se comparer à l'éclat de la lune lorsqu'elle est frappée des rayons du soleil. Il fut mis alors dans une cage élégante, pourvue en abondance de mouron frais, de biscuits délicieux et d'une eau plus pure que le cristal. L'oiseau vivait heureux; ses mouvements étaient vifs et légers, et sa voix, déjà exercée par la serinette, modulait les airs les plus jolis. Longtemps il fut reconnaissant des soins de sa petite protectrice, et le battement de ses ailes, et son joli ramage, dès qu'il la voyait paraître, payaient l'aimable enfant de ses soins. Mais un bonheur constant n'est pas toujours senti! L'ingrat oiseau finit par se lasser de l'abondance dont il jouissait; et bientôt il ne soupira plus qu'après la liberté des champs. En voyant, à travers les barreaux de sa cage, les autres oiseaux voltiger sur les arbres du jardin, il trouva sa vie ennuyeuse et monotone; alors il devint triste et rêveur. Plus de battements d'ailes, et loin de répondre aux airs qui lui étaient joués sur la serinette, il gardait un silence boudeur qui affligeait son petit mentor. Enfin un jour, ô bonheur! la porte de sa cage n'est pas fermée, les fenêtres du salon sont ouvertes, il est seul; rien ne s'oppose à ses désirs, et bientôt, ses ailes fendant les airs, il va se percher sur un lilas fleuri. Que le grand air est agréable, se dit-il à lui-même! Qu'il fait bon ici! Non, rien n'est comparable au plaisir d'être son maître! Il palpitait d'aise en sautillant de branche en branche. Mais ce bonheur ne fut pas de longue durée, et avant le déclin du jour, la faim lui fit sentir sa cruelle atteinte, et il n'y avait là ni sucre, ni biscuits. Il souffrit quelque temps; car pour la première fois, il sentait sa faiblesse, et n'osait quitter l'arbre dont le feuillage protecteur le dérobait aux oiseaux étrangers. Enfin, n'y tenant plus, il se hasarda de quitter sa retraite et becqueta en tremblant quelques feuilles de mouron qui avait échappé à la vigilance du jardinier. Il déplorait amèrement sa sottise, lorsque deux moineaux sauvages l'attaquèrent; ils lui arrachèrent ses plumes brillantes, et, le frappant à grands coups de becs, ils le laissèrent à demi mort. Ah! se dit-il alors, j'ai été ingrat, j'ai méconnu les droits de l'amitié; ignorant les dangers qui me menaçaient dans le monde, j'ai voulu jouir de ma liberté, mais j'en suis bien puni!..... Il voulut alors essayer de retourner dans le doux asile où il avait passé de si beaux jours; il partit donc en traînant l'aile, et prit son vol lent du côté de la maison; mais tandis qu'arrêté sur la banquette du jardin, il prenait son essor pour retourner dans sa chambre chérie, un chat rusé, qui le guettait, le saisit et le dévora après s'en être joué dans ses pattes cruelles. Quelques plumes jaunes comme de l'or, poussées par le vent, arrivèrent près de la triste petite fille, et lui apprirent le sort funeste de son favori.

Enfants, ne cherchez pas à vous dérober aux regards protecteurs qui veillent sur votre enfance. La tendre surveillance de vos parents est pour vous la cage salutaire où vous trouvez la sûreté et le bonheur. Restez près de vos mères, jeunes filles; jouissez en paix des soins que vous prodigue leur tendresse, et vous éviterez le sort funeste de Favori.

Mme DE LA RIVIÈRE.

C'est bien, ma petite amie. Vous avez raison, la liberté ne convient pas à l'âge où l'on ne sait pas en jouir; mais vous êtes sage et vous vous plaisez près de vos bonnes maîtresses et de votre maman.

Mme STE-CÉCILE.

Ah! oui, l'asile le plus doux est le sein d'une mère! (*A Marie.*) Et vous, ma petite, voulez-vous aussi nous dire quelque chose?

MARIE.

De tout mon cœur, madame. Au milieu d'un joli parterre, exposé aux premiers rayons du soleil, une rose à peine épanouie, et humide encore de la rosée du matin, insultait ainsi aux autres fleurs qui étaient autour d'elle : Laquelle de vous oserait se comparer à moi, leur disait-elle? la nature m'a comblée de tous ses dons, et j'ai été proclamée la reine des fleurs. Seule je réunis tous les avantages que vous pouvez posséder ; mon éclat surpasse celui du dalhia, de la tulipe ; ma forme gracieuse plaît mieux que celle de la renoncule et de l'anémone, tandis que mon doux parfum surpasse celui de l'œillet, de la jonquille et de l'humble violette. Entourée d'une verdure qui relève encore ma beauté, j'excite une admiration générale ; mon nom seul est un compliment flatteur. Veut-on louer une jeune fille sur sa beauté et la fraîcheur de son teint, on la compare à la rose. Reconnaissez donc mon empire, pauvres petites fleurs qui vous élevez à peine au-dessus de la terre où vous êtes nées, et admirez mes attraits enchanteurs. —Nous serions portées à te rendre nos hommages, dit une petite violette presque cachée sous l'herbe, sans ta sotte vanité, qui est d'autant plus ridicule que, malgré ton brillant éclat, ton règne est de courte durée, et souvent le jour qui t'a vue naître te voit flétrir. Elle parlait encore lorsque de gros nuages noirs, s'amoncelant sur l'horizon, annoncèrent un orage prochain ; en effet, le bruit effrayant du tonnerre, se mêlant au sifflement des vents, bouleversa en un moment toute la nature, et bientôt une pluie battante mêlée de grêle inonda la terre. Peu de temps après ce violent orage était dissipé, et le soleil, lançant de nouveau ses rayons, ramenait la joie dans les cœurs. Mais, hélas! la rose n'était plus, et ses feuilles dispersées jonchaient la terre! O médiocrité! je te rends grâces, dit la violette, qui, protégée par ses larges feuilles, n'avait pas souffert, tandis que le vent et la tempête ont désolé ce parterre; à l'abri de ces feuilles, qui en me cachant font ma sûreté, non-seulement je n'ai rien perdu, mais mon odeur est devenue encore plus suave.

N'envions pas la fortune, la beauté et les autres avantages qui peuvent nous faire paraître; ils sont éphémères, et souvent leur assemblage ne fait que rendre notre chute plus accablante.

Mme DE LA RIVIÈRE.

C'est bien, mon enfant; profitez.......

Scène 11.

LES MÊMES, MÉLANIE.

MÉLANIE. (*En entrant.*)

Je vous demande bien pardon, mesdames, de ne m'être pas trouvée à la maison pour vous recevoir; mais les embarras indispensables d'une sortie!.....

Mme DE LA RIVIÈRE.

Nous aurions été fâchées de vous déranger,

mademoiselle, et nous avons eu un vrai plaisir à interroger vos intéressantes petites élèves, qui nous ont répondu parfaitement.

MÉLANIE.

Je suis bien flattée, mesdames, du témoignage avantageux que vous voulez bien leur rendre.

Mme STE-CÉCILE.

Sont-ce là toutes vos pensionnaires?

MÉLANIE.

Je vous demande pardon, madame : j'en ai quelques-unes un peu plus grandes, que j'aurai l'honneur de vous présenter, si vous n'êtes pas fatiguées.

Mme STE-CÉCILE.

Ah! je vous en conjure, madame, hâtez-vous. (*A part, avec émotion.*) Ah! ma fille.

Mme DE LA RIVIÈRE. (*A demi-voix.*)

Que faites-vous, ma nièce? vous vous trahissez.

MÉLANIE.

Mademoiselle Célestine, emmenez ces enfants, et faites, je vous prie, entrer leurs compagnes.

CÉLESTINE.

Oui, mademoiselle. (*Elle sort avec les élèves.*)

Mme DE LA RIVIÈRE.

Je suis réellement enchanté, mademoiselle, de l'air modeste de vos enfants, et de l'assurance qu'elles mettent dans leurs réponses. Il me tarde de voir vos plus grandes élèves.

MÉLANIE.

Vous êtes trop bonne, madame; les voici.

Pendant ces deux scènes, Mme de la Rivière paraît contente; Mme Ste-Cécile est de temps en temps préoccupée, et regarde souvent la porte d'où elle présume que sa fille va entrer.

Scène 12.

Mme DE LA RIVIÈRE, Mme STE-CÉCILE, MÉLANIE, CÉLESTINE, ERNESTINE, ANNA, JOSÉPHINE, ADÉLAIDE, LOUISA.

MÉLANIE.

Venez, mes enfants, et tâchez par vos réponses de montrer à ces dames que vous êtes reconnaissantes de l'honneur qu'elles vous font.

Mme STE-CÉCILE. (*A part, avec agitation.*)

Laquelle est-ce?..... A peu près le même âge..... toutes des yeux noirs..... Ah! mon cœur la devine; quel martyre!.....

Mme DE LA RIVIÈRE.

Allons, ma nièce, interrogez ces demoiselles.

Mme STE-CÉCILE.

Avec plaisir; mais les réponses de leurs petites compagnes nous ont déjà prouvé que ces demoiselles sont très instruites. Je me bornerai donc à leur faire quelques questions sur l'histoire. (*A Ernestine.*) Voyons, ma chère enfant, voudriez-vous nous raconter un morceau de l'Histoire sainte, à votre choix ?

ERNESTINE.

Dieu ne commanda ni à la terre, ni à l'eau, ni aux autres matières créées de produire l'homme, comme il l'avait fait pour toutes les créatures vivantes ; mais, y appliquant lui-même son doigt tout-puissant, il prit un peu de terre, la détrempa, la façonna, et en forma un corps humain. Le voilà donc étendu sur l'herbe molle, et comme plongé dans un sommeil tranquille. On ne peut le comparer à rien de créé ; il n'est pas revêtu de plumes comme les oiseaux, ni de poil et de laine comme les quadrupèdes, ni d'écailles comme les poissons ; son corps n'est pas armé d'ongles aigus comme le lion, ni de serres comme l'aigle. Sa forme est toute nouvelle ; il ne peut voler, car il n'a point d'ailes ; il ne peut s'élancer et bondir comme les animaux, ni ramper comme les reptiles. Immobile, froid, il paraît inutile ; et cette statue si belle, si bien proportionnée, si parfaitement organisée, semble au-dessous de tous les êtres qui l'entourent. Le chevreuil bondissant dans la plaine, le cerf parcourant légèrement les forêts, la couleuvre se glissant dans l'herbe, le paon étalant son magnifique plumage, le lion secouant sa longue et épaisse crinière, lui paraissent supérieurs. Il ne peut se défendre ni des serres de l'aigle, ni des dents du tigre et du léopard. Mais tout-à-coup il palpite, sa chair se colore, le sang circule dans ses veines, ses muscles se gonflent, ses pieds et ses mains s'agitent, ses yeux s'ouvrent, il respire, il est vivant. Le voilà droit, grand, sublime : c'est que le souffle de Dieu réside en lui ; il vient de recevoir une âme immortelle créée à son image. Aussitôt on reconnaît en lui le maître et le seigneur de la terre. Son air, son maintien, la légèreté et l'adresse de ses mouvements, prouvent sa supériorité sur tous les autres êtres. Tous ses traits sont animés d'un feu divin. Il étend son regard sur toute la nature, et son œil mesure l'immense étendue des cieux. La sérénité de son front ombragé de cheveux, le sourire de sa bouche, et surtout le feu de ses yeux, peignent les pensées et les affections de son âme, et les font passer dans l'âme de celui qui l'écoute. Sa stature élevée, sa ferme contenance, annoncent la grandeur de son origine et la noblesse de sa fin. En effet, il regarde de loin la terre, et ne la touche que de l'extrémité de ses pieds, et si légèrement qu'il semble prêt à l'abandonner comme un séjour indigne de lui : c'est qu'il a été fait pour le ciel, vers lequel s'élève son front et où doivent tendre tous ses désirs ; car, seul entre toutes les créatures, il est capable de connaître et d'aimer son créateur, seul il est destiné à jouir de son propre bonheur pendant toute l'éternité.

Mme DE LA RIVIÈRE.

Oui, ma petite amie ; et toute notre éducation doit tendre là. Vous le sentez vivement, car vous l'exprimez bien..... (*A sa nièce, qui paraît très émue.*) Que faites-vous, Laurence ? continuez vos questions.

Mme STE-CÉCILE. (*A Anna.*)

Dites-nous, je vous prie, mademoiselle, un trait d'Histoire ancienne ?

ANNA.

Alexandre, après avoir vaincu Darius, envoya des ambassadeurs à Porus, roi d'une partie de l'Inde, pour lui intimer l'ordre de lui céder ses Etats. Le roi indien, aussi indigné que surpris d'une telle proposition, répondit qu'il irait lui-même sur les frontières de son royaume pour le recevoir les armes à la main. Il s'avança en effet avec son armée sur les rives de l'Hydaspe, pour en défendre le passage au vainqueur macédonien. Mais Alexandre passa le fleuve à la faveur des ténèbres, et remporta sur Porus un avantage signalé. Ce prince malheureux hasarda un second combat, où il fut vaincu de nouveau, après avoir montré une valeur intrépide, et rempli tous les devoirs de soldat et de capitaine. Se voyant enfin défait avec la plus grande partie de ses troupes, et ayant reçu lui-même plusieurs blessures, il fut contraint de s'enfuir sur son éléphant.

Alexandre, qui avait admiré le courage de Porus, lui envoya Taxile, prince indien qu'il s'était attaché, pour l'inviter à déposer les armes. Dès qu'il aperçut Porus : Arrête-toi, lui cria-t-il, et écoute ce que j'ai à te dire au nom d'Alexandre. Porus se retourne et, le reconnaissant, il s'écrie : Eh quoi ! n'est-ce pas là Taxile, ce traître qui a vendu son royaume et sa patrie ? Aussitôt, prenant un dard, il l'ajusta et le frappa au milieu de la poitrine, puis il s'enfuit en grande hâte ; mais son éléphant, épuisé et sans force par les blessures qu'il avait reçues, tomba à quelques pas et le força à s'arrêter.

Alexandre, qui voulait absolument sauver un prince si vaillant, lui envoya d'autres officiers qui l'exhortèrent à se rendre enfin à un vainqueur digne de lui. Porus y consentit, non sans peine. Lorsque Alexandre l'aperçut, il s'arrêta pour contempler son noble aspect et sa taille extraordinaire. Porus, sans se montrer abattu de son malheur, s'approcha avec un air intrépide et digne d'un valeureux guerrier. Alexandre parla le premier, et lui demanda comment il voulait être traité. En roi, répondit Porus. Alexandre, touché de tant de grandeur d'âme, non-seulement lui laissa son royaume; mais y ajouta encore quelques autres provinces, et lui donna tous les témoignages possibles d'amitié et d'estime.

Porus, pénétré de reconnaissance, suivit son bienfaiteur dans toutes ses conquêtes, après lui avoir juré une fidélité qu'il ne viola jamais. On ne sait lequel on doit le plus admirer du vainqueur ou du vaincu.

Mme DE LA RIVIÈRE.

La générosité et les bonnes manières triomphent toujours des cœurs les moins portés à nous aimer. Ce trait est beau. Allons, ma nièce, continuons.

Mme STE-CÉCILE. (*A Joséphine.*)

A vous, ma chère enfant : racontez-nous un trait de l'Histoire romaine.

JOSÉPHINE.

Pendant la guerre d'Antiochus contre les Romains, Scipion, frère du célèbre Scipion l'Africain, fut élu consul avec Lœlius. L'année de leur consulat étant expirée, ils tirèrent au sort, suivant l'usage, pour savoir de quelle province chacun d'eux serait proconsul. L'Asie échut à Lucius Scipion, qui avait peu d'expérience dans l'art militaire, et l'on sentait qu'il fallait un homme qui y fût plus consommé que lui, pour faire tête à Antiochus et à Annibal. Le sénat voulait envoyer Lœlius en Asie ; il avait donné plusieurs fois des preuves de sa capacité. Scipion l'Africain était l'intime ami de Lœlius ; mais il sentit qu'il ne devait pas sacrifier un frère à un ami, et demanda aux sénateurs si c'était pour le récompenser de ses anciens services qu'on voulait déshonorer son frère, en lui ôtant un proconsulat que le sort lui avait donné. Sénateurs, ajouta-t-il, je vous offre d'accompagner mon frère en Asie, et de lui servir de lieutenant : si vous me refusez, vous déshonorez Scipion l'Africain personnellement. Lucius partit, et son frère le suivit en qualité de lieutenant. Quel honneur pour Rome d'avoir donné naissance à un homme qui réunissait tant de vertus ! Scipion l'Africain avait commandé les armées romaines, et délivré Rome de ses ennemis : il semblait ne pouvoir servir qu'en qualité de général. Son frère était jeune et sans expérience : le droit d'aînesse, des talents prouvés demandaient que Scipion l'Africain commandât en chef ; mais il ne voulait pas déshonorer son frère qui sentit tout le prix de sa conduite ; il ne commandait en Asie que pour faire suivre les conseils de son frère. Antiochus et Annibal furent battus plusieurs fois. Antiochus demanda la paix, et ne l'obtint qu'à des conditions onéreuses. Les deux Scipion retournèrent à Rome. Le jeune y reçut les honneurs du triomphe et le surnom d'Asiatique; l'aîné, qui l'accompagnait dans la pompe triomphale, goûta ce jour-là toute la satisfaction qu'un homme qui a l'âme véritablement grande, peut désirer; son frère était comblé d'honneurs, et c'était lui-même qui les lui avaient procurés.

Mme STE-CÉCILE.

Ce trait est bien beau, ma chère amie, et Scipion paraît encore plus grand par sa modestie et par son amour pour son frère, que par ses victoires. (*A Adélaïde.*) Voudriez-vous, mademoiselle, nous dire quelque chose sur l'Histoire de France?

ADÉLAIDE.

Clovis, quatrième roi des Franks, ayant depuis quelque temps épousé Clotilde, princesse de la maison des rois de Bourgogne, qui professait la religion chrétienne, était vivement sollicité par elle de renoncer au culte des idoles pour embrasser celui du vrai Dieu. Un évènement détermina sa conversion et celle de tout le peuple.

Les Allemands s'étant jetés dans la Gaule pour s'y faire un établissement à l'exemple des autres nations tentoniques, Clovis, averti de cette irruption, vole à leur rencontre, et les joint dans les plaines de Tolbiac. Le choc fut terrible, et les Franks ne pouvant le soutenir commençaient à fuir, lorsque Clovis, levant les yeux au ciel, prononça ces mots : Christ, que Clotilde affirme être le Dieu vivant, j'invoque avec foi ton assistance ; si tu m'accordes la victoire sur mes ennemis, je croirai en toi, et je me ferai baptiser en ton nom. A cette prière le courage renaît dans le cœur des Franks, l'effroi passe dans les rangs ennemis, et leur roi reste sur la place avec la plus grande partie de son armée. Alors, Clovis, fidèle à son vœu, se disposa à recevoir le baptême. Saint Rémi fit préparer avec pompe les fonts baptismaux de Saint-Martin, église de Rheims ; la nef fut tendue en blanc, couleur symbolique, qui brillait aussi sur les vêtements de Clovis et des autres catéchumènes choisis dans l'élite des Saliens. Le roi fut baptisé le jour de Noël, avec ces paroles remarquables de saint Rémi : Courbe la tête, fier Sicambre ; brûle ce que tu as adoré, et adore ce que tu as brûlé. Alboflède, sœur du roi, et six mille Saliens suivirent l'exemple de Clovis.

Mme DE LA RIVIÈRE.

Je vous sais bon gré, ma chère amie, d'avoir choisi ce trait, puisque c'est à cet évènement que nous devons le bonheur de professer la religion chrétienne. Nous sommes bien contentes de vous, mesdemoiselles ; il est inutile de vous faire de nouvelles interrogations. Mais pourriez-vous nous faire voir quelques-unes de vos compositions ?

CÉLESTINE.

Vous avez apporté vos dernières compositions, mes enfants, présentez-les à ces dames.

Mme DE LA RIVIÈRE.

Lisez-nous les plutôt, mes enfants. (*A Louisa.*) Vous, ma petite amie, qui n'avez rien récité.

LOUISA. (*Elle prend sa composition et lit.*)

Le mois de septembre est enfin commencé ; les fruits dorés pendent aux arbres, et invitent la main à les cueillir ; les raisins mûrs annoncent que dans quelques jours les vendanges vont s'ouvrir. Hâtons-nous, mes chères compagnes, quittons nos livres, nos cahiers ; volons près de nos chers parents pour jouir dans leur douce compagnie de tous les plaisirs que nous promettent les vacances. Rions, folâtrons, livrons-nous sous leurs yeux à la plus franche gaîté ; mais lorsque les brouillards de novembre nous annonceront que le temps de reprendre nos études est revenu, accourons en hâte et reprenons nos travaux avec ardeur, en pensant que les plaisirs, pour être goûtés et sentis, doivent avoir été achetés par le travail.

Mme DE LA RIVIÈRE

Vous avez raison, ma chère amie : pour s'amuser de bon cœur, il faut avoir travaillé ; ne l'oubliez jamais. (*A Ernestine.*) A vous ma bonne petite.

ERNESTINE.

Toutes les fleurs du printemps sont entièrement passées; l'air brûlant de l'été s'est rafraîchi, et les fruits, riches présents du Créateur, ayant atteint leur maturité, vont payer les peines du cultivateur. Ce temps est le signal du départ de mes jeunes compagnes ; elles vont voler près de leurs chers parents, afin de recevoir dans leurs caresses la douce récompense de leurs travaux et de leur application. Combien cette riante perspective a redoublé leur ardeur à l'étude! Combien elle embellit ce jour de triomphe qui s'apprête ! Que leurs fronts seront radieux en recevant ces couronnes qui doivent les embellir ; les yeux de leurs mères en seront témoins, et moi !....... Hélas! la mer en grondant me sépare de tout ce que j'ai de plus cher au monde !..... Sans doute ma seconde mère me pressera dans ses bras, ses larmes de tendresse couleront sur moi, tandis que mon cœur reconnaissant répondra au sien ; mais je ne verrai pas celle qui me donna le jour sourire doucement en déposant sur mon front un baiser qui me rendrait si heureuse !...... O mère chérie ! serai-je encore longtemps privée de ta douce présence ?.......

Mme STE-CÉCILE. (*S'élançant près d'elle et la serrant contre son cœur.*)

Non, ma fille bien-aimée, non ; ton heureuse mère te serre dans ses bras ! O mon Dieu ! mon Dieu !

ERNESTINE.

Maman ! maman ! ma chère maman !

Mme DE LA RIVIÈRE.

Que faites-vous, Laurence, vous allez faire mourir cet enfant.

Mme STE-CÉCILE.

Oh ! non, ma chère tante ; le bonheur ne fait pas mourir. O mon Ernestine, ma fille, mon amie !

MÉLANIE.

Je ne puis revenir de mon étonnement. Vous, madame, la mère d'Ernestine !

Mme DE LA RIVIÈRE.

Oui, mademoiselle. Pardonnez-nous le stratagème dont nous nous sommes servies pour juger des progrès de cet enfants, sans être connues ni d'elle ni de vous. C'est moi qui l'ai exigé de ma nièce. Ne nous en veuillez pas, mademoiselle ; sans cela nous n'aurions peut-être pas apprécié toute l'étendue des obligations que nous avons contractées envers vous. Car enfin, nous ne connaissions cette chère petite que par ses lettres ; et les lettres, souvent dictées par les maîtresses, ne sont pas.......

MÉLANIE.

Non, madame : les lettres d'Ernestine ont toujours été l'expression de ses sentiments. Je suis enchantée que votre épreuve ait réussi selon vos désirs; mais vous ne la connaîtrez à fond que lorsque vous aurez joui pendant quelque temps de ses attentions et de ses prévenances. Oh ! combien vous allez l'aimer !

CÉLESTINE. (*A Ernestine, à demi-voix.*)

Vous nous aimerez toujours, Ernestine ?

ERNESTINE.

O mademoiselle ! toujours, toujours !

Mme STE-CÉCILE. (*A Mélanie.*)

Nous vous devrons notre bonheur, mademoiselle, car c'est vous qui avez fait naître dans le cœur de cette enfant les vertus qui nous la rendront chère. Notre reconnaissance ne s'éteindra jamais. (*A Mme de la Rivière.*) Ah ! ma chère tante, l'excès de mon bonheur m'accable ; recevez, je vous en conjure, cette chère enfant, vous qui m'avez fourni les moyens de la faire élever. Jouissez de votre ouvrage : à l'exemple de son père et de sa mère, elle ne vivra que pour vous aimer.

Mᵐᵉ DE LARIVIÈRE (*prenant les mains d'Ernestine*).

Oui, ma chère enfant, tu seras ma fille bien-aimée, tu ne me quitteras plus. Nous allons assister à la cérémonie qui se prépare; nos yeux seront témoins de tes triomphes, et ensuite..... Mais quoi! tu t'attristes, tu crains de quitter tes aimables compagnes et la seconde mère qui sut si bien former ton cœur? Ne crains rien, elle t'a appris à peindre avec force et vérité tes sentiments sur le papier; une correspondance suivie te rapprochera d'elle, en attendant que nos affaires terminées nous ramènent tous en France, notre patrie. Oui, mesdemoiselles, oui, mes enfants, Ernestine ne vous quitte que pour un temps ; ensuite elle reviendra renouer une amitié qui a fait le charme de son enfance, et qui, je l'espère, embellira ses vieux ans.

TOUTES LES ÉLÈVES.

Quel bonheur!

ERNESTINE.

O ma bonne tante! ô mes chères amies!

MÉLANIE.

Cette douce perspective adoucit le regret que va nous causer cette séparation ; puisse-t-elle être de courte durée! Nous allons appeler votre retour par tous les vœux de nos cœurs !

SUITES

D'UNE

MAUVAISE ÉDUCATION.

PERSONNAGES.

Madame DERMILLY.
Madame EUGÈNE DERMILLY, veuve de son fils.
EDILE,
BERTHE, } filles de madame Eugène.
HERMINIE, leur cousie, et petite-fille de mad. Dermilly.
LISE, fille du fermier.
ZOÉ, femme de chambre.
GENEVIÈVE, cuisinière.
CLAUDINE, jeune paysanne.

SUITES

D'UNE MAUVAISE ÉDUCATION.

Scène 1.

Mme EUGÈNE. (*Seule, lisant une lettre.*)

Non, il n'y a plus d'espoir !....... Pauvres enfants ! vous voilà donc condamnées à passer ici votre vie, privées d'éducation, et dénuées des talents qui sont ordinairement le partage des demoiselles de votre rang ! Hélas ! j'espérais par le gain de ce procès vous faire élever convenablement, et vous mettre en état de paraître un jour honorablement dans le monde; mais, d'après ce que l'on m'écrit, il n'y a rien à espérer....... Encore si je pouvais, en vous donnant tous mes soins, vous communiquer le peu d'instruction que je possède moi-même, je me consolerais. Mais toujours gênée, contrainte, je n'ai pas l'esprit assez libre pour exercer dignement l'emploi d'institutrice....... Enfin Dieu est bon : espérons en lui, et tâchons de nous calmer ; car si je portais cet air triste et découragé au dîner de ce soir, je m'attirerais de sanglants reproches, et......

Scène 2.

Mme EUGÈNE, LISE.

LISE.

Je viens de porter des fruits à l'office, madame, et j'ai pris la liberté de vous déranger pour venir vous offrir ces fleurs que j'ai cueillies dans mon petit jardin,

Mme EUGÈNE.

Merci, ma petite, tu me fais bien plaisir ; ces fleurs sont très jolies, et je les aime beaucoup..... Mais dis-moi donc, il y a bien longtemps que tu n'étais pas venue.

LISE.

Oui, madame, et j'en ai été bien privée, je vous assure ; car vous êtes si bonne, et vos charmantes demoiselles me font tant d'amitié, que je voudrais toujours être auprès de vous ; mais je n'ose pas.

Mme EUGÈNE.

Pourquoi donc ?

LISE.

Je crains trop madame Dermilly ; lorsque je la rencontre, je voudrais pouvoir me cacher à dix pieds sous terre ; si elle me parle, je tremble tant, que souvent je ne sais ce que je lui réponds. Alors elle me gronde, et je la crains encore davantage.

Mme EUGÈNE.

Tu as tort : elle est bonne, et si tu la craignais moins....... Mais tu ris.

LISE.

Ah! oui, elle est bonne !... J'aurais voulu que vous la vissiez hier soir..... et vous auriez eu un échantillon de sa bonté.

Mme EUGÈNE.

Comment donc?

LISE.

Elle était allée au jardin afin de choisir elle-même les fruits dont elle avait besoin pour son dessert d'aujourd'hui ; elle a trouvé qu'il lui manquait plusieurs pêches, ses plus beaux brugnons et deux ou trois raisins muscats qu'elle avait remarqués. Alors elle est venue à la ferme; elle a tant crié, tant grondé, tant menacé, qu'elle nous a fait peur à tous ; mon pauvre père ne savait que répondre, et, j'en ris maintenant, le plus jeune de mes frères s'était caché sous le lit; lorsqu'elle a été partie, nous ne pouvions jamais l'en faire sortir.

Mme EUGÈNE.

Elle est bonne, mais elle est sévère; elle n'entend pas qu'on la vole.

LISE.

A la bonne heure. Mais faut-il faire tant de bruit pour quelques pêches? cela en vaut-il la peine? Oh! qu'elle était en colère! Je surveillerai tant, disait-elle, que je découvrirai le voleur, et j'en ferai un exemple éclatant ; je le livrerai à la justice, et j'invoquerai contre lui toute la rigueur des lois. Et comme elle était près de moi, en disant cela, elle me serrait le bras si fort, que je croyais vraiment qu'elle allait me conduire en prison. Hélas! je n'ai pourtant touché à rien.

Mme EUGÈNE.

Elle ne te soupçonnait pas, mon enfant; elle sait que tu es une bonne petite fille, et je suis sûre que si tu la voyais aujourd'hui, elle te ferait mille amitiés.

LISE.

Oh! je ne veux pas m'exposer à la rencontrer, je vous assure; et j'ai bien choisi, pour apporter les fruits, l'instant où elle était dehors.

Mme EUGÈNE.

Où est-elle donc?

LISE.

Elle est au bord de la rivière avec mademoiselle Herminie ; mais il y a déjà longtemps qu'elles se promènent ensemble, et je craindrais qu'elle revînt. Je m'en vais.

Mme EUGÈNE.

Sais-tu où sont mes filles ?

LISE.

Elles ont d'abord ramassé des fraises qu'elles ont portées à Geneviève. Actuellement, elles sont sous le berceau de chèvre-feuille. Mademoiselle Edile fait, à ce que je crois, une robe à la poupée de sa sœur.

Mme EUGÈNE.

Fais-moi le plaisir de leur dire de venir de suite, ma petite Lise.

LISE. (*En sortant.*)

Oui, madame.

Scène 3.

Mme EUGÈNE. (*Seule.*)

Depuis qu'Herminie est ici, ces pauvres enfants paraissent étrangères à leur bonne-maman. Le caractère franc d'Édile n'est plus que brusquerie, et l'aimable babil de Berthe, qu'elle aimait tant autrefois, est actuellement insupportable ; aussi la pauvre petite devient timide, craintive et sauvage..... Que je suis malheureuse d'être obligée, par le mauvais état de mes affaires, d'accepter l'asile qu'elle m'a offert près d'elle ! Que mon cœur souffre de l'injuste préférence !..... Mais ne suis-je pas injuste moi-même ? N'est-il pas tout naturel qu'elle témoigne un peu plus d'amitié à l'enfant d'une fille qu'elle chérit, et qu'elle n'a que depuis peu de temps auprès d'elle ? D'ailleurs cette petite, ayant toujours fait tous ses caprices, ne s'habituerait vraisemblablement pas sans cela ; et puis elle est aimable, et plus caressante que ses cousines. Aimable ? oui. Mais je ne la crois pas franche ; son caractère me déplaît. Encore de la jalousie maternelle....... Allons, allons, elle est plus gentille que ne l'est ordinairement un enfant gâté. Je veux désormais l'aimer comme mes filles ; elle est leur cousine, et doit être leur meilleure amie. La raison amènera tout..... Ne pensons donc plus qu'aux bons offices de ma belle-mère ; s'ils sont dénués des charmes de l'amabilité, ils n'en sont pas moins réels. Efforçons-nous donc de lui prouver notre reconnaissance. Ah ! j'en suis pénétrée ! Mais, hélas ! malgré moi, je me trouve gênée, malheureuse !

Scène 4.

Mme EUGÈNE, ÉDILE, BERTHE.

ÉDILE.

Lise nous a dit que tu nous demandais, ma chère maman.

Mme EUGÈNE.

Oui, mon enfant. Que faisiez-vous au jardin?

ÉDILE.

Nous nous amusions, maman; j'habillais la poupée de ma sœur.

Mme EUGÈNE.

C'est bien fait, sans doute, d'être complaisante envers sa petite sœur; mais, mes enfants, vous savez qu'aujourd'hui votre bonne-maman attend grande compagnie à dîner; il faut tâcher de vous rendre utiles. Il y a mille petites choses que vous pourriez faire. Toi, Édile, tu peux aider Zoé à mettre le couvert, faire attention à ce que le salon soit en ordre, mettre des fleurs nouvelles dans les vases; tu sais que ta bonne-maman les aime. Tu pourrais aussi préparer la bougie pour la soirée. Il faut qu'une petite demoiselle sache un peu s'occuper du ménage.

ÉDILE.

Ce serait avec bien du plaisir, maman; mais lorsque je fais quelque chose, ma bonne-maman y trouve toujours à redire. Souvent je n'ai d'autre récompense pour la peine que je me suis donnée qu'une sévère réprimande.

Mme EUGÈNE.

Il n'est pas étonnant que tu sois reprise : tu es encore bien jeune et tu peux manquer souvent ; mais c'est en t'exerçant que tu apprendras à bien faire. Ne néglige donc rien, ma petite, pour contenter ta bonne-maman, et pour lui prouver ton respect, ton amour et ta reconnaissance. Elle mérite tous ces sentiments par la bonté de son cœur, et par les nombreux bienfaits qu'elle répand autour d'elle.

BERTHE.

Ah! tu es encore bien meilleure qu'elle, toi, petite maman ; aussi je t'aime mille fois mieux.

Mme EUGÈNE.

C'est tout naturel..... Mais voici Zoé.

Scène 5.

LES MÊMES, ZOÉ.

Mme EUGÈNE.

Eh bien, ma pauvre Zoé, vous avez bien de l'ouvrage, aujourd'hui. Voilà Édile toute prête à vous aider.

ÉDILE.

Allons, Zoé, qu'allez-vous m'ordonner ?

ZOÉ.

Vous vous moquez, mademoiselle; cela m'irait bien vraiment.

ÉDILE.

Sérieusement, occupez-moi, je ne demande pas mieux.

ZOÉ.

Vous êtes trop bonne, mademoiselle, et je vous remercie. Mais je m'y suis prise à l'avance, et je n'ai plus qu'à m'occuper de vos toilettes, lorsque vous le voudrez.

Mme EUGÈNE.

Oh! nous avons encore le temps! si vous vous y preniez aussi à bonne heure, Berthe ne pourrait guère se présenter devant la compagnie à cinq heures.

BERTHE.

Mais, maman, je suis bien soigneuse actuellement.

Mme EUGÈNE.

Mais oui, pas mal. Te souviens-tu du triste état de ta robe blanche, dimanche dernier?

ZOÉ.

Ah! madame, ne renouvelez pas ses chagrins....... Mais je ne sais trop comment madame va recevoir sa compagnie; elle est terriblement de mauvaise humeur depuis hier soir.

ÉDILE.

Oh! ma bonne-maman ne manque pas d'usage! elle sait comment on doit recevoir les personnes qu'on a invitées; d'ailleurs Herminie est auprès d'elle, et elle parviendra sans doute à la rendre gracieuse. Elle a le secret de la faire rire quand elle veut.

ZOÉ.

Il est vrai que cette petite a sur elle un grand ascendant; madame en est tout-à-fait entichée... Je l'entends, je crois..... Lorsque vous voudrez faire vos toilettes, mesdemoiselles, vous m'appellerez. (*Elle sort.*)

Scène 6.

Mme EUGÈNE, ÉDILE, BERTHE, HERMINIE.

HERMINIE. (*En entrant.*)

Bonjour, ma tante.

Mme EUGÈNE.

Bonjour, ma petite amie. Où as-tu laissé ta bonne-maman?

HERMINIE.

Elle est allée faire un tour à la ferme; et moi, je me suis hâtée de me rendre auprès de vous.

Mme EUGÈNE.

Tu es bien gentille. As-tu pris de l'appétit dans ta longue promenade?

HERMINIE.

Oui, ma tante; je me sens disposée à faire honneur au dîner.

Mme EUGÈNE.

Tant mieux, tu pourras te régaler. Geneviève a déployé tout son talent pour la pâtisserie, et les friandises de toute espèce ne vous manqueront pas.

HERMINIE. (*Avec affectation.*)

Ah! pourvu que je mange lorsque j'ai faim, je ne tiens pas beaucoup aux friandises. Je ne les aime pas trop.

ÉDILE.

Je les aime bien, moi.

BERTHE.

Et moi aussi.

Mme EUGÈNE.

Eh bien, mes enfants, vous vous contenterez. Mais avant tout, je dois vous recommander d'être polies, prévenantes envers les personnes qui doivent venir. Il y aura quelques jeunes demoiselles : tenez-vous auprès d'elles, et ayez soin de leur procurer, soit en les promenant au jardin, soit en les entretenant au salon, tout l'agrément qui sera en votre pouvoir.

TOUTES.

Oui, maman; oui, ma tante.

Mme EUGÈNE.

Il serait possible qu'on vous priât de chanter, il faudra alors obéir sans vous faire prier.

HERMINIE. (*D'un air dédaigneux.*)

Il n'est plus de bon ton de chanter à la fin des repas.

Mme EUGÈNE.

Je conviens que cet usage a passé de mode; cependant votre bonne-maman y tient beaucoup, il ne faudra pas la désobliger par un refus.

ÉDILE.

Pour moi je ne chante pas bien, et je suis très timide en compagnie; ainsi.....

Mme EUGÈNE.

Ainsi..... tu feras ce que je te dis; tu sais que je veux être obéie sans réplique.

BERTHE.

Je dirai volontiers une petite chanson, j'en sais une si jolie!

HERMINIE.

O mon Dieu, s'il le faut, je chanterai aussi.

Mme EUGÈNE.

Oui, mes enfants, et Édile suivra votre exemple et ne se fera pas prier; d'ailleurs on fait moins attention à la voix d'une jeune demoiselle qu'à sa soumission et à sa complaisance.

Scène 7.

LES MÊMES, GENEVIÈVE.

GENEVIÈVE. (*En entrant.*)

Servira le dîner qui voudra; pour moi, je ne m'en mêle plus.

Mme EUGÈNE.

Qu'avez-vous donc, Geneviève? D'où vous vient cet accès d'humeur?

GENEVIÈVE.

On serait de mauvaise humeur à moins. Depuis trois jours, j'ai des maux de chien pour m'occuper des préparatifs de ce maudit repas. Hier encore il était près de minuit lorsque je me suis mise au lit; mais passe encore tout cela, je ne suis pas paresseuse, Dieu merci! Je prenais tout cet embarras avec plaisir; car j'ai du cœur, et je pouvais dire sans me vanter que ce dîner eût été digne d'être servi sur la table du roi. Rien n'y manquait : excellent potage, entremets délicats, poisson délicieux, rôti, pâté, enfin tout. Et un dessert! Oh! j'aurais pu défier le chef de quelque hôtel que ce soit d'en préparer un semblable : gâteaux friands, tourtes aux confitures, frangipanes, nougats, fruits glacés, un magnifique biscuit de Savoie. Ah! tenez, quand j'y pense!

Mme EUGÈNE.

Eh bien, qu'est-il donc arrivé ?

GENEVIÈVE.

Eh bien, voilà qu'aujourd'hui, lorsque je vais pour arranger mes plats avec symétrie, je m'aperçois (ah! si je pouvais découvrir) ! je m'aperçois, dis-je, qu'on m'a volé des petits gâteaux, de manière que je n'en ai plus ce qu'il me faut pour garnir mes deux assiettes; ensuite on a dégarni mon biscuit de Savoie d'un partie des enjolivures dont je l'avais orné. (*En colère.*) Et qui pis est, on en a rompu un morceau, de manière qu'il ne peut plus se présenter sur la table.

Mme EUGÈNE.

Mais voilà qui est fort désagréable, et d'autant plus pénible, qu'il n'en est pas de ce vol comme des fruits du jardin. On ne peut en accuser que les gens de la maison.

HERMINIE

Il faut être bien gourmand pour commettre une semblable bassesse !

GENEVIÈVE.

Oh! oui, il faut être gourmand, et non-seulement gourmand, mais voleur, scélérat, gueux !... Au reste, rien n'est en sûreté depuis que ces demoiselles attirent autour d'elles des tas d'enfants.

ÉDILE.

Que voulez-vous dire? qui attirons-nous?

GENEVIÈVE.

Vous le savez bien. Pouvez-vous être un instant sans avoir auprès de vous la fille du fermier?

ÉDILE. (*Vivement.*)

Elle est incapable de faire une bassesse. D'ailleurs elle était dans la maison avant nous.

HERMINIE.

Comme tu t'emportes, ma cousine! Qu'y aurait-il d'étonnant quand cette enfant aurait pris quelques petites friandises? elle serait bien plus excusable que d'autres; la pauvre petite ne mange jamais rien de bon.

ÉDILE. (*Vivement.*)

Elle sait s'en passer, et ne touche à rien.

Mme EUGÈNE.

Pourquoi l'accuses-tu, Herminie? c'est une bonne petite fille. Il y a longtemps que je la connais, et je ne l'ai jamais vue faire de sottise.

GENEVIÈVE.

Ah! vous n'êtes pas partout!

ÉDILE.

Et moi, je la connais bien, et je suis sûre qu'elle en est incapable.

GENEVIÈVE.

C'est donc vous?

ÉDILE. (*Avec emportement.*)

Non, ce n'est pas moi.

BERTHE.

Oh! ni moi non plus.

Scène 8.

LES MÊMES, Mme DERMILLY, LISE.

Mme DERMILLY. (*Elle entre en tenant Lise par la main.*)

Tenez, la voyez-vous la voleuse, la gourmande qui mange tous les fruits de mon jardin? L'auriez-vous crue avec son petit air modeste? Oh! tu le paieras, sois-en sûre, mauvais sujet. Laisse rentrer ton père et ta mère ; ils te châtieront comme tu le mérites..... En attendant, tu vas être ce soir à genoux devant toute la compagnie avec un écriteau sur la tête.

GENEVIÈVE.

Ce sera bien fait; car on m'a volé mon dessert, et c'est elle sans doute. Parle, petite voleuse. C'est toi? (*Les sanglots empêchent Lise de répondre.*

ÉDILE. (*En colère.*)

Non, ce n'est pas elle ; elle n'a pas plus touché à votre dessert qu'aux fruits du jardin, j'en suis sûre.

Mme DERMILLY.

Et moi, je suis sûre du contraire, entendez-vous, mademoiselle ! je n'accuse pas sans savoir.

ÉDILE. (*Toujours en colère.*)

Elle en est incapable ; non ce n'est pas elle, non.

Mme DERMILLY.

Impertinente, sur quel ton osez-vous me parler ! vous êtes digne de l'objet de vos affections ; mais vous pouvez dès à-présent lui faire vos adieux. Elle va être châtiée comme elle le mérite ; et demain, de grand matin, elle sortira de chez moi. Qu'elle se mette en service, et si elle recommence ses jolis tours, on la mettra en prison.

LISE. (*En pleurant.*)

Hélas ! ce n'est pas moi....... J'étouffe.

Mme DERMILLY.

Joins le mensonge au vol. Mets le comble à tes sottises, vilaine enfant.

ÉDILE. (*Pleurant.*)

Hélas ! non, ce ne peut pas être elle, je ne le croirai jamais.

Mme EUGÈNE. (*Timidement.*)

Mais, maman, en êtes-vous bien sûre ? L'avez-vous vue ?

Mme DERMILLY.

Oui, madame, j'en suis sûre, et si je ne l'ai pas surprise à voler, d'autres l'ont vue. Demandez à Herminie?

ÉDILE.

Cela ne peut pas être; Herminie ment.

Mme DERMILLY.

Taisez-vous, mademoiselle.

Mme EUGÈNE.

Tu as vu Lise prendre des fruits, Herminie?

HERMINIE. (*Embarrassée.*)

Je ne dis pas cela précisément, ma tante, mais je l'ai vue souvent se promener le long des espaliers, d'autres fois sous la treille; elle tendait la main comme pour prendre quelque chose.

ÉDILE.

Belle preuve !

Mme DERMILLY.

Vous tairez-vous ? Qu'as-tu à répondre, petit mauvais sujet?

LISE. (*En pleurant.*)

C'était, c'était pour cueillir des capucines et des liserons.

GENEVIÈVE.

Oui, oui, des liserons. C'est sans doute aussi pour cueillir des liserons que tu es venue te frotter hier soir à l'office, et qu'il me manque aujourd'hui la moitié de mon dessert.

LISE.

Mais je n'ai été hier à l'office que pour porter les noisettes que vous m'aviez demandées.

ÉDILE.

Elle n'a rien touché, nous étions ensemble. O ma pauvre Lise! faut-il que tout le monde soit contre toi!

Mme DERMILLY.

Vous tairez-vous, encore une fois, raisonneuse? Vous partagerez le sort de votre digne amie. Geneviève, emmenez cette petite voleuse; je vais lui préparer ce qu'il lui faut pour la faire briller ce soir. Pour vous, mademoiselle Édile, vous allez vous retirer dans votre chambre, et je vous défends de faire votre toilette; vous paraîtrez ce soir comme vous voilà pour punir l'insolence avec laquelle vous osez me parler. Geneviève, emmenez-les.

ÉDILE. (*A part.*)

J'ai bien envie de m'habiller, vraiment!

GENEVIÈVE. (*A Lise.*)

Marche, marche; tes larmes ne me font pas pitié. Lorsque je pense à mon pauvre gâteau.

LISE. (*En sortant.*)

O mademoiselle Herminie! pouviez-vous m'accuser? Personne ne sait mieux que vous que je ne suis pas coupable.

Scène 9.

Mme DERMILLY, Mme EUGÈNE, HERMINIE, BERTHE.

Mme EUGÈNE.

Je vous demande pardon de la résistance qu'Édile a apportée à vos ordres, maman. Ses manières sont quelquefois un peu brusques, mais son cœur est bon. L'amitié qu'elle porte à Lise, et la conviction qu'elle croit avoir de son innocence, ont seules pu la porter à vous manquer de respect. Actuellement, elle en est désolée, j'en suis sûre.

Mme DERMILLY.

Je rends justice à la bonté de son cœur, et je suis fâchée d'affliger le vôtre; mais les enfants de mon fils me sont chers; et je ne puis souffrir la folle indulgence avec laquelle vous les gâtez. Le caractère entier d'Édile ne convient point du tout à une jeune demoiselle, et je ne négligerai rien pour le lui faire perdre.

Mme EUGÈNE.

Faites tout ce que vous jugerez à propos; vous en êtes entièrement la maîtresse.

Scène 10.

LES MÊMES, ZOÉ, CLAUDINE.

ZOÉ.

Madame, Claudine demande à vous parler.

Mme DERMILLY.

Faites entrer.......

CLAUDINE. (*Un panier au bras.*)

Bonjour, not'e dame. Nous avons appris que vous attendiez compagnie ce soir ; je vous apporte quelques belles noisettes et deux ou trois belles pêches. C'est ben peu de chose ; mais vous excuserez, nous n'avons guère de fruits cette année.

Mme DERMILLY.

Je te remercie, mon enfant. (*Regardant dans le panier.*) Mais ces pêches sont superbes. Je n'en ai point vu d'aussi belles dans tout mon verger..... Au reste, je n'ai pas le plaisir de les voir en maturité ; on me les vole toutes.

CLAUDINE.

Y est donc partout la même chose ? Si nous n'avions pas guetté le jour et la nuit, nous n'en aurions pas eu une. Les voisins nous les voliont toutes.

Mme DERMILLY.

Ah ! je n'ai pas besoin des voisins pour voler les miennes !..... Mais passe à la cuisine, mon enfant ; Geneviève te fera goûter.

CLAUDINE.

Merci, not'e dame, je n'ai pas faim, et ma mère m'attend. Je dois repasser demain matin, je reprendrai le panier. Adieu, mesdames.

LES DAMES.

Adieu, Claudine. (*Claudine sort.*)

Mme DERMILLY.

Voilà une famille. (*Regardant Herminie et Berthe.*) Mais que faites-vous là, enfants? Allez vous habiller.

LES PETITES.

Oui, bonne-maman. (*Elles sortent.*)

Scène 11.

Mme DERMILLY, Mme EUGÈNE.

Mme DERMILLY.

Voilà une bonne famille, qui m'est sincèrement attachée. Il n'en est pas de même chez ce coquin de Michel; moi qui me fiais tant à eux!

Mme EUGÈNE.

Je crois que votre confiance n'était pas mal placée; ces gens vous sont tout dévoués, et paraissent remplis de zèle pour vos intérêts.

Mme DERMILLY.

Je le croyais ainsi; mais la conduite déloyale de cette petite Lise.......

Mme EUGÈNE.

Ne prouverait rien contre ses parents; car je suis sûre qu'ils ne l'approuveraient pas. Mais voulez-vous que je vous le dise, maman, et ne serez-vous point fâchée contre moi? je ne puis croire cette petite fille coupable. Depuis que j'ai l'honneur de demeurer près de vous, je l'ai beaucoup étudiée, et elle m'a paru, sous tous les rapports, une charmante enfant. Je vous avoue que cette exclamation qu'elle a faite en sortant me ferait craindre qu'Herminie........

Mme DERMILLY.

Allons, vous voilà sur le compte d'Herminie ; franchement vous ne l'aimez pas. Avouez-le.

Mme EUGÈNE.

Et comment n'aimerais-je pas votre petite-fille, la nièce d'un mari qui me fut si cher, la cousine de mes enfants ? Ah! je puis vous assurer que je l'aime de tout mon cœur ; mais cet amour ne m'aveugle pas sur ses défauts. J'ai cru m'apercevoir qu'elle ment quelquefois, et si je n'avais craint de vous faire de la peine, je vous aurais avertie plus tôt.

Mme DERMILLY.

Vous m'auriez rendu un bien grand service ; car enfin, vous le savez, j'aime mes enfants sans faiblesse, et je n'ai rien tant à cœur que d'en faire de bons sujets. (*Avec vivacité.*) Cela est si vrai que je vais la chercher, l'interroger, et si c'est elle, si c'est elle, je veux que la plus sévère punition....... Ah! je vais tant la menacer, la faire trembler, qu'il faudra qu'elle avoue...

Mme EUGÈNE.

Calmez-vous, ma chère maman, on n'obtient

rien par la crainte ; et si vous voulez me laisser faire, j'espère que nous découvrirons la vérité.. Il me vient une idée.

Mme DERMILLY.

Ah ! certes, je ne demande pas mieux, et je vous aurai une grande obligation, ainsi que les parents d'Herminie ; car le vice que l'on n'extirpe pas à cet âge conduit au déshonneur dans un âge plus avancé..... Découvrez la coupable, et je me charge du choix de la punition. (*Elle sort.*

Scène 12.

Mme EUGÈNE. (*Seule.*)

Il est rare que l'on n'obtienne pas l'aveu d'une faute par la douceur ; et sans doute qu'en interrogeant avec bonté Herminie et Lise séparément, je viendrai à bout de connaître la vérité. Combien je le désirerais ! Un aveu obtiendrait le pardon, et calmerait un peu ma belle-mère....... Cependant je crains encore ; Herminie a été fort mal élevée ; ses parents, qui ne rêvent que fêtes et plaisirs, la laissent continuellement avec les domestiques, et ma pauvre belle-sœur les choisit fort mal ; cette enfant n'a pu prendre que de mauvais exemples dans une pareille compagnie : je l'ai surprise à mentir sans changer de couleur....... Il me vient une autre idée : voici de belle pêches, je vais les laisser là et faire venir successivement les deux enfants; celle qui succombera....... Bah! Lise qui vient d'être grondée et qui a le cœur si gros, n'oserait se compromettre..... Mais ce n'est pas elle, j'en suis sûre..... J'entends Herminie, voyons toujours.

Scène 13.

Mme EUGÈNE, HERMINIE.

HERMINIE. (*En entrant.*)

Ma tante, suis-je bien?

Mme EUGÈNE.

Parfaitement. Tu seras la mieux mise de toutes les petites demoiselles de la société.

HERMINIE.

Ma parure ne me sent pas grand'chose en songeant à la pauvre Édile. Faites-lui sa toilette, ma tante; vous en êtes bien la maîtresse.

Mme EUGÈNE.

Je m'en garderai bien, ma chère amie; ce serait désobéir à ta bonne-maman. D'ailleurs, elle lui a manqué de respect, et mérite d'être punie.

HERMINIE.

Ma chère tante, je vous supplie!

Mme EUGÈNE.

Non, ma bonne, cela ne se peut pas. Je vais, au contraire, l'engager à faire sa pénitence de bonne grâce. Reste ici: s'il arrivait quelqu'un,

tu les conduirais au salon, et tu m'appellerais.
(*Elle sort.*)

HERMINIE.

Oui, ma tante. (*Seule.*) Elle n'aura pas de peine à consoler Édile : elle ne paraissait pas très affectée en sortant ; elle n'était occupée que de sa Lise. Pour moi, je mourrais de honte, s'il me fallait paraître ainsi devant toute une assemblée. Que j'ai eu de bonheur de n'être pas aperçue ! Je suis pourtant fâchée qu'Édile en souffre, car elle est vraiment bonne ; mais aussi c'est sa faute : pourquoi soutient-elle avec tant de chaleur cette petite paysanne? Ces gens-là sont si bêtes, dit Rose, la bonne de maman, si bêtes, qu'il fait bon s'amuser à leurs dépens! (*Regardant le panier.*) Ah! voilà le panier que Claudine a apporté, voyons ce qu'il contient. Oh! les belles pêches!... Elles doivent être bien bonnes. L'eau m'en vient à la bouche... Si j'en prenais une?..... Je n'ose pas, on s'en apercevrait peut-être. (*Regardant autour d'elle.*) Bah! je suis seule; on n'en sait pas le compte, je n'en risque rien... (*Elle en prend une et la mange.*) Qu'elle est bonne ! c'est bien un autre goût que celles du jardin ; elle est presque aussi parfumée que les raisins muscats!... Je puis bien prendre encore quelques noisettes, cela m'aidera à attendre le dîner. Oh! que je vais me régaler ce soir; que de sucrerie! que de bonbons! je les aime tant!... Encore quelques noisettes, elles sont si belles. Mais on vient, je crois. (*Elle serre les noisettes précipitamment dans sa poche avec le noyau de la pêche.*)

Mme EUGÈNE. (*En entrant.*)

Ah! petite voleuse, je vous prends!

HERMINIE. (*Effrayée.*)

Que dites-vous, ma tante? et mais... je n'ai rien pris.

Mme EUGÈNE.

Vous n'avez rien pris, et vous avez encore la bouche pleine?

HERMINIE.

C'est, c'est un petit morceau de pain que je mangeais pour attendre le dîner.

Mme EUGNE.

Petite menteuse; j'ai tout entendu de la chambre voisine... (*Cherchant dans sa poche.*) Voyez encore les noisettes que vous avez prises, et le noyau de la pêche que vous venez de manger.

HERMINIE. (*D'un air suppliant.*)

Ma chère tante, cela ne m'arrivera plus; veuillez me pardonner, je vous en supplie!

Mme EUGÈNE.

Je ne le puis pas, Herminie; il faut que votre bonne-maman soit instruite de votre conduite, afin que Lise soit justifiée. Il ne serait pas juste qu'elle subît la punition que vous avez méritée.

HERMINIE.

Ma bonne tante, je puis vous assurer que ce n'est pas moi qui ai touché aux fruits du jardin.

Mme EUGÈNE.

Herminie, vous êtes une méchante. J'aurais sollicité votre pardon si vous n'aviez été que gourmande ; mais vous venez d'avouer vous-même les vols que vous aviez commis au jardin, et vous avez cherché à faire retomber sur une autre le châtiment qui vous était dû. Je suis sûre que c'est vous qui avez dérobé la pâtisserie à l'office, et vous tâchiez encore de faire retomber les soupçons sur la pauvre Lise. Vous avez vu d'un œil sec sa désolation et le chagrin de votre cousine : vous êtes un petit monstre, et vous ne méritez pas que je m'intéresse à vous.

HERMINIE.

Ma tante, ma bonne tante, je vous en conjure, que ma bonne-maman n'en sache rien.

Mme EUGÈNE.

Je dois à Lise de la justifier pleinement auprès d'elle.

HERMINIE.

Bonne-maman est si emportée ; je suis perdue !

Mme EUGÈNE.

Vous risquerez de subir la punition qui était destinée à Lise.

HERMINIE. (*En sanglottant.*)

J'aimerais mieux mourir!

Mme EUGÈNE.

Et vous la laissiez cependant tranquillement subir à une innocente. Jugez par le chagrin que vous éprouvez, combien vous avez été coupable. Lise, la bonne Lise qui vous a rendu mille petits services, qui se serait sacrifiée pour vous, je suis assurée qu'elle vous a vue faire, et qu'elle a mieux aimé garder le silence que de vous faire punir. La pauvre enfant vous plaindra encore, et ses larmes couleront sur vous lorsqu'elle sera justifiée. Et votre cousine qui a eu......

HERMINIE. (*L'interrompant.*)

Ah! ma tante, n'achevez pas; je suis un véritable monstre, et je me fais honte à moi-même. Hélas! je ne sentais pas tout le mal que je faisais!....... Mon Dieu, mon Dieu! pourquoi n'ai-je pas toujours été ici?

Mme EUGÈNE.

Que veux-tu dire?

HERMINIE.

Combien j'aurais été plus heureuse et plus sage si j'avais été élevée près de vous, ma tante! Hélas! personne ne m'a inspiré de l'horreur pour le mal ; je suivais l'exemple de Rose, qui faisait mille sottises et qui s'applaudissait devant moi de l'adresse avec laquelle elle en faisait subir la honte aux autres.

Mme EUGÈNE.

Pauvre enfant, que je te plains !

HERMINIE.

Oh ! oui, ma tante, je suis bien à plaindre ; aimez-moi toujours. (*Joignant les mains.*) Ah ! je vous en conjure, aidez-moi à me corriger. J'ai honte de mon indigne conduite, et je me soumettrai à tout pour l'expier.

Mme EUGÈNE.

Embrasse-moi. Oui, tu te rendras digne de ton excellente grand'mère ; je me charge de faire ta paix avec elle. Va dans ta chambre, et lorsqu'elle sera apaisée, je t'appellerai.

HERMINIE.

Hélas ! hélas ! ma tante, je suis perdue, je l'entends.

Scène 14 et dernière.

Mme DERMILLY, Mme EUGÈNE, HERMINIE, ÉDILE, BERTHE, LISE.

Mme DERMILLY. (*En entrant.*)

Est-il possible que je sois aussi sotte ! Je me battrais volontiers ! Instruite enfin de la vérité par le vieux jardinier qui a tout vu, je venais ici pour punir Herminie de sa gourmandise et de sa méchanceté, lorsque Édile et Lise, malgré la sévérité avec laquelle je les avais traitées tout-à-l'heure, viennent se jeter à mes genoux, et ne veulent pas se relever que je ne leur aie accordé le pardon de mademoiselle, qui s'est montrée si méchante envers elles, et que je voulais humilier ce soir devant toute la compagnie. Et moi, attendrie par leurs larmes et leurs supplications, ne viens-je pas de promettre un oubli absolu du passé ?

HERMINIE. (*Embrassant Édile et Lise.*)

O ma chère cousine ! ma bonne Lise ! quelles obligations ne vous ai-je pas ? Combien votre noble conduite me fait rougir de la mienne !..... Ah ! chère bonne-maman, je vous promets.....

Mme DERMILLY. (*La repoussant.*)

Retirez-vous ; je veux bien ne pas vous punir, mais je ne puis plus vous aimer.

ÉDILE.

Bonne-maman, grâce, grâce tout entière ; nous vous en supplions.

Mme EUGÈNE.

Laissez-vous toucher, chère maman : Herminie avait déjà rougi de sa faute ; elle m'avait promis de ne rien épargner pour se corriger.

BERTHE.

Bonne-maman, embrassez-la donc.

ÉDILE ET LISE.

Ma bonne-maman, madame, ne refusez pas.

Mme DERMILLY.

Je cède à vos instances, et j'admire votre générosité. (*Elle embrasse Herminie.*) Embrassez-moi toutes aussi. (*Elle les embrasse.*) Édile, va promptement t'habiller; tu seras toujours ma fille bien-aimée, et je ne négligerai rien pour te donner une éducation distinguée : tu sauras en profiter, et tu embelliras les jours de ta mère et les miens. Pour toi, Lise, tu ne nous quitteras plus; j'aurai soin de toi comme de mes enfants.

TOUTES LES PETITES FILLES.

Quel bonheur!

Mme EUGÈNE.

Que ce qui vous arrive aujourd'hui, mes chères enfants, vous serve de règle pour la conduite de votre vie; vous serez toujours malheureuses quand vous vous écarterez de vos devoirs, et quelques peines qui viennent traverser votre vie, vous aurez le calme de la conscience, la paix du cœur et l'estime de vos semblables, lorsque vous pratiquerez la vertu.

FIN.

www.ingramcontent.com/pod-product-compliance
Lightning Source LLC
Chambersburg PA
CBHW052045230426
43671CB00011B/1794